_____ 드림

분노도
습관이다

초판 1쇄 인쇄 2015년 4월 8일
초판 1쇄 발행 2015년 4월 15일

지은이 이충헌

발행인 장상진
발행처 (주)경향비피
등록번호 제2012-000228호
등록일자 2012년 7월 2일

주소 서울시 영등포구 양평동 2가 37-1번지 동아프라임밸리 507-508호
전화 1644-5613 | **팩스** 02) 304-5613

ISBN 978-89-6952-067-8 03320
· 값은 표지에 있습니다.
· 파본은 구입하신 서점에서 바꿔드립니다.

분노도 습관이다

화를 못 참는 사람을 위한 마음 사용 설명서

이충헌 지음

경향BP

나는 왜 분노 조절이 안 될까?

　살아가면서 가장 많이 겪는 감정 중의 하나가 분노다. 원하는 일이 잘 풀리지 않아 짜증이 나고 아내의 바가지나 남편의 늦은 귀가 때문에 화가 치민다. 직장에선 상사와의 마찰이나 동료의 배신 때문에 열불이 오른다. 관공서나 병원에서 차례를 기다리다 지쳐 있는 상태에서 창구 직원이 무심코 내뱉은 말 한 마디에 가슴이 멍든다. 운전을 하다가 차가 끼어들면 나도 모르게 욕설이 튀어나오고 혈압이 올라 '헐크'로 변신한다.

　화를 참지 못하고 분노가 폭발해 길거리에서 칼을 휘두르는가 하면 주차 문제로 시비가 붙어 사람을 해치기도 한다. 추월한 차를 들이받고, 끼어드는 것을 방해했다고 상대방 차를 마구 부순다. 자해를 하는 사람도 적지 않다. 우리는 지금 분노 사회에 살고 있다.

사람마다 화를 푸는 방법은 각양각색이다. 술로 달래는 사람이 있는가 하면 애꿎은 담배만 축내는 사람, 죄 없는 식구들에게 화를 내는 사람도 있다. 그저 참는 게 약이라고 무조건 참기만 하다가 화병에 걸리기도 한다. 화가 쌓이면 병이 되므로 분노는 발산해야 한다고 생각하는 사람이 많다. 이른바 '카타르시스 이론'이다. 분노가 쌓이기 전에 표현해 마음속의 응어리를 풀어야 한다는 것이다. 하지만 과학적인 연구 결과 이 이론은 맞지 않는 것으로 드러났다. 분노를 표현하면 화가 줄어드는 게 아니라 더 쌓이고 분노에 대한 역치가 낮아져 나중엔 사소한 일에도 화를 내게 된다. 화는 내면 낼수록 습관이 된다. 분노는 또 다른 분노를 낳는다. 화는 자신의 건강을 해치고 무엇보다 대인관계를 망가뜨린다.

내가 화를 내면 상대방은 그 분노를 그대로 받아 내게 다시 쏜다. 분노라는 감정은 불과 같아 상대의 이성적인 판단을 마비시킨다. 이성이 마비된 상대방은 잘못을 시인하거나 사과하기는커녕 공격적인 행동을 보인다. 문제는 해결되지 않고 관계만 나빠지는 악순환이 벌어진다. 분노 표출은 결코 해결책이 될 수 없다.

많은 사람이 자주 화를 내면서도 분노를 처리하는 방법에는 익숙하지 않다. 분노를 가라앉히려면 이성적인 뇌인 전두엽을 이용해야 한다. 이성의 힘으로 분노를 달랜 뒤 차분하게 상대방에게 메시지를 전달하면 감정적인 대응을 피하고 문제를 해결할 수 있다.

인간은 진화적으로 생존과 번식을 위해 다른 사람들과 협력하는 전략을 채택해 왔다. 협력을 하려면 다른 사람의 마음을 알아야 하고, 그래서 공감능력과 거울 뉴런 등이 발달했다. 공감능력을 기르고 전두엽을 단련하면 분노가 쌓이고 폭발하는 것을 막을 수 있다. 사회적 지지를 확대하면 그만큼 화가 나는 일도 줄어든다.

고달픈 현실 때문에 한때 '힐링'이 만병통치약처럼 유행했다. 하지만 힐링의 약효는 매우 짧다. 스트레스가 없는 삶은 애당초 불가능하기 때문이다. 문제는 스트레스 자체가 아니라 그것을 어떻게 받아들이고 사는가이다. 힐링은 스트레스로부터 도망가는 한 방법일 뿐이다. 공감의 시대에는 어떻게 소통하느냐에 따라 그 사람의 행복 수준이 달라진다. 인간관계의 갈등을 해결하고 행복하게 소통하는 기술이 필요하다. 이를 위해선 무엇보다 분노 조절이 필요하다.

신학자 라인홀트 니부어(Reinhold Niebuhr)는 이렇게 기도했다.
"변화시킬 수 없는 것들을 받아들이는 평상심과, 변화시킬 수 있는 것들을 변화시키는 용기와, 그 차이를 구별할 줄 아는 지혜를 주소서."

이 세상 누구도 자기 주변의 소소하면서도 자질구레한 환경을 모두 통제할 수는 없다. 환경에 대한 우리의 반응을 바꿀 수 있을 뿐이다. 예컨대 직장 상사가 화를 낸다고 맞대응해 성낼 수는 없다. 모든 것은 자신의 선택에 달려 있다. 직장 상사가 아무리 흥분한다고 해도 그에 대한 반응을 선택하는 것은 우리 몫이다. 삶은 어떤 일이 생기느냐에 따라 결정되는 것이 아니라 어떤 태도를 취하느냐에 따라 좌우된다. 분노 조절이 그 시발점이 될 수 있다. 전두엽을 이용해 화를 다스리고 조절할 수 있다면 통제감이 높아지고 자존감도 덩달아 상승한다. 인간관계가 좋아지기 때문에 사랑받고 인정받고 싶은 욕구가 더 많이 채워진다. 그만큼 행복해질 수밖에 없다. 분노 조절은 삶의 질을 높이고 행복감을 고양시키기 위한 첫걸음이다.

이충헌

* 이 책은 방일영문화재단의 지원을 받아 저술·출판되었습니다.

◈ **차례**

제2장

당신이 분노하는
진짜 이유

제3장

분노의 조종자,
내면 아이

제4장

분노 조절은 가능하다

제5장

전두엽을
단련시켜라

제6장

공감 회로를
활성화시켜라

제7장

성공적인
인간관계 만들기

제1장

분노가
나를
죽인다

01

분노 사회에
사는 사람들

분노는 일상적인 감정이다

김영하는 도시적 감성으로 사회 현상을 냉정하게 그려 내는 우리 시대 중견 작가다. 그의 대표적 장편인 『너의 목소리가 들려』는 제이와 동규 두 명의 고아와 그들이 만나는 사람들의 이야기다. 제이는 10대 미혼모가 고속터미널 화장실에서 낳아 버린 아이다. 누구의 사랑도 받지 못하고 길에서 삶을 이어 나가는 제이는 자신과 같은 처지인 10대 가출 청소년들의 우두머리가 된다.

소설 속에는 가출 청소년들의 애처로운 일상이 무겁게 그려져 있다. 버려진 자의 분노는 세상을 향한 폭력으로 터져 나온다. 제이는 고아들을 이끌고 주말마다 폭주를 감행한다. 세상에 분노를 보여 줌으로써 자신들의 존재감을 과시하기 위해서다. 이들의 분노는 세상을 향한 외침이다.

"그럼 우리가 느끼는 건 뭐야? 분노야. 씨발, 존나 꼭지가 돈다는 거야. 그래, 우리는 열 받아서 폭주를 하는 거야. 뭐에 대해서? 이 좆같은 세상 전체에 대해서. 폭주의 폭 자가 뭐야? 폭력의 폭 자야. 얌전하면 폭주가 아니라는 거지. 엄청난 소리를 내고, 입간판을 부수고, 교통을 마비시킬 때, 그제야 세상이 우리를 보게 되는 거야. 폭주는 우리가 화가 나 있다는 걸 알리는 거야. 어떻게? 졸라 폭력적으로. 말로 하면 안 되냐고? 안 돼. 왜? 우리는 말을 못하니까, 말은 어른들 거니까. 하면 자기들이 이기는 거니까 자꾸 우리 보고 대화를 하자고 하는 거야. (…) 난 이해받고 싶은 게 아니야. 열 받게 하려는 거지. 세상은 우리를 미워해."

레이먼드 카버는 '미국의 체호프', '애드거 앨런 포 이후 미국 최고의 단편 작가' 등으로 불리는 미국의 대표적 현대작가다. 단편집 『대성당』엔 그의 절정기에 쓰인 주옥같은 소설들이 담겨 있다. 그 중 하나인 「별 것 아닌 것 같지만 도움이 되는」은 가슴을 먹먹하게 하면서도 온기를 품어 내는 소설이다. 이 소설엔 갑작스런 교통사고로 소중한 아들을 잃은 부부가 나온다.
　차에 치여 뇌진탕이 생긴 아들 때문에 병원에서 며칠 밤을 새운 부모는 제정신이 아니다. 아들의 생일에 맞춰 주문한 케이크는 까맣게 잊어버렸다. 케이크를 찾아가지 않아 화가 난 빵집 주인은 밤마다 기분 나쁜 전화를 걸어 온다. 아이가 세상을 떠난 날, 비통함에 잠겨 집에 돌아온 부모는 또 다시 빵집 주인의 전화를 받는다. 분노에 휩싸인 부모는 그 길로 빵집을 찾는다. 분노는 자기 자신을 훨씬 크게 느끼게 할 만큼 강렬한 감정이다.

시간이 꽤 흘러, 자정이 되기 얼마 전, 그러니까 그들이 여러 일들을 끝마쳤을 때, 다시 전화벨이 울렸다.

"당신이 받아 봐."

그녀가 말했다.

"하워드, 그놈이야, 분명해."

그들은 부엌 식탁에 커피를 놓고 앉아 있었다. 하워드는 자기 커피 잔 옆에 작은 잔으로 위스키도 한 잔 놓았다. 세 번째 전화벨이 울렸을 때, 그가 전화를 받았다.

"여보세요."

그가 말했다.

"당신 누구요? 여보세요! 여보세요!"

전화는 끊어졌다.

"끊었어."

하워드가 말했다.

"누군가 모르겠지만."

"그놈이야."

그녀가 말했다.

"그 개자식. 죽여 버릴 거야."

그녀가 말했다.

"총으로 쏜 뒤에 버둥대는 꼴을 보고야 말 거야."

그녀는 문 안으로 걸어갔다. 하워드가 그녀의 뒤를 따랐다. 빵집 주인은 뒤로 물러섰다.

"왜들 이러는 거요?"

빵집 주인이 말했다.

"케이크 때문에 그러는 거요? 맞아, 이제야 케이크가 필요해진 모양이군. 당신이 케이크 주문한 건 기억하시오?"

"그렇게 똑똑한 머리로 빵집이나 하고 있군요."

그녀가 말했다.

"여보, 이 사람이 우리한테 전화한 거야."

그녀는 주먹을 불끈 쥐었다. 그러고는 맹렬한 기세로 그를 노려봤다. 내부 깊은 곳에서 타오르는 분노로 그녀는 자신이 원래의 자신보다, 거기 있는 남자들보다 크다고 느꼈다.

분노를 쏟아 내는 운전자들

제주도에 급하게 출장을 갈 일이 있어 택시를 타고 공항에 가는 길이었다. 난데없이 갓길에 멈춰 서 있던 검은 승용차가 택시 앞으로 튀어나왔다. 택시기사가 갑작스레 브레이크를 밟아 가까스로 멈춰 섰다. '끼이익' 하는 굉음과 함께 차가 미끄러지면서 앞차 범퍼와 거의 닿을락 말락한 거리였다.

"아니 눈을 어디다 달고 다니는 거야?"

서른 살가량의 젊은 남자였다. 조금 전에 큰 사고를 낼 뻔한 남자가 오히려 삿대질을 하며 우리에게 소리를 질렀다. 심지어 가운뎃손가락을 들어 올리며 욕을 퍼부었다.

그 순간 난 화가 치밀어 올라 넋이 빠질 정도였다. 어이없는 공격에 가슴은 방망이질치고 온몸이 사시나무 떨 듯 떨렸다. 차에서 뛰어 내려 방망이로 그 남자의 차를 때려 부수고 싶은 심정이었다. 그러나 그 순간 호흡을 가다듬고 잠시 눈을 감았다. 택시기사에게도 반응을 보이지 말라고 설득했다. 얼마 지나지 않아 흥분이 가라앉기 시작했다. 길길이 날뛰는 상대도 아무 반응이 없자 제풀에 지쳐 그냥 가 버렸다. 모욕당한 느낌에 기분은 언짢았지만, 찝찝했던 기분은 한 나절이 지나지 않아 모두 사라졌다.

상대 운전자의 공격에 맞서 분노를 터뜨렸다면 어떻게 됐을까? 아마 시시비비를 가리기에 앞서 큰 싸움으로 번졌을 것이다. 제주도 출장은커녕 경찰서에서 쓸데없는 시간을 보냈을지도 모른다.

도로에서 승용차의 창문을 열고 서로 핏대를 세운다. 차를 세우고 당장이라도 내릴 기세로 소리를 지른다. 운전을 하다가 누군가 끼어들기라도 하면 머리가 쭈뼛할 정도로 화가 난다. 평소엔 괜찮다가도 운전대만 잡으면 욱하는 성질이 튀어나온다. 공격 호르몬인 아드레날린이 분출되면서 혈액을 타고 온 몸을 긴장시킨다. 운전대만 잡으면 분노 조절이 되지 않아 다른 운전자를 위협하고, 난폭한 행동을 일삼는 것을 '로드 레이지(road rage)'라고 한다. 도심 곳곳에서 일상적으로 벌어지는 일이다.

얼마 전 끼어들기에 실패한 30대 남성이 분을 이기지 못하고 상대 차량을 삼단봉으로 마구 내려친 일명 '삼단봉 사건'이 발생했다. 고속도로에서 차선을 양보하지 않았다는 이유로 화가 난 남성 운전자는 상대 차량을 가로막고 차에서 내렸다. 그의 손엔 삼단봉이 들려 있었다. 이 운전자는 상대방에게 차에서 내릴 것을 요구하며 욕설을 퍼부었다. 상대 차량 운전자가 놀란 나머지 가만히 있자 이 남성은 삼단봉으로 차량 유리창을 마구 내리쳐 박살을 냈다. 홧김에 그랬다는 이 30대 남성은 평범한 회사원이었다. 고속도로에서 차선 변경으로 시비가 붙어 고의로 급정거를 하는 바람에 연쇄 충돌로 사람이 사망하는가 하면, 주행시비 끝에 신혼부부를 공기총으로 살해한 사건이 벌어지기도 했다.

차는 내 의지에 따라 내가 원하는 대로 움직인다. 내 몸을 자유자재로 움직이는 것처럼 말이다. 그래서 내 차가 가는 길이 방해받으면 자유의지가 간섭받은 것처럼 느껴진다. 우리는 개인의 사적 공간을 침범하는 행위에 대해 매우 민감하다. 차는 매우 사적인 공간이다. 차 안에선 좋아하는 음악을 맘껏 듣고 거리낌 없이 노래를 따라 부른다. 다른 사람을 의식하지 않고 화장을 고치기도 한다. 운전자는 자신의 차량이 주행하는 도로 앞 공간도 사적인 공간으로 인식한다. 때문에 동의 없이 누군가가 들어오면 자신의 영역이 침범당한 것처럼 느낀다. 상대방을 침입자로 간주해 본능적인 분노가 치밀어 오른다. 문제는 분노를 쏟아 내느냐 마느냐. 화가 나도 3초만 아무 반응을 보이지 않고 참으면 분노가 가라앉는다. 하지만 3초의 여유를 갖고 있는 사람이 많지 않다. 도심 곳곳에서 화가 난 운전자들이 분노를 쏟아내고 있어 가슴을 쓸어내릴 때가 한두 번이 아니다.

분노 조절에 실패한 사람들

비단 도로 위에서뿐만이 아니다. 직장인들은 매일 회사에서 분노 조절에 실패한 사람들과 맞닥뜨린다. 대부분은 직장 상사다.

월요일 오전이었다. 다가오는 주말에 중요한 기자간담회가 있어 준비할 일이 산더미처럼 밀려 있었다. 점심시간엔 사장님 인터뷰가 예정돼 있었다. 나해경 대리는 아침부터 예상 질문과 답변을 만드느라 눈코 뜰 새 없이 바빴다. 다음 날엔 조그마한 사내 행사가 열릴 예정이었다. 인터뷰 질문지를 완성하고 숨을 돌릴 찰나 부장한테 전화가 왔다.

"나 대리, 내일 행사 기안 올렸어?"

"아 부장님, 아무 말씀이 없으셔서 아직 기안 올리지 않았는데요."

사흘 전에 나 대리는 부장에게 이 메일로 행사 예비 기획안을 보냈다. 부장의 피드백을 받아 기획안을 올릴 요량이었다. 그러나 부장은 아무런 답변이 없었다. 나 대리는 부장이 바빠서 그런가 보다 생각하고 오후에 다시 연락을 할 계획이었다.

"나 대리 미쳤어? 행사가 내일인데 아직 기안을 안 올렸어? 정신 나갔나? 정말 기본이 안 돼 있구먼."

부장은 노발대발하면서 소리를 쳤다.

"아무 생각 없이 주말에 멍 때리고 놀았지? 나 대리, 당장 시말서 써서 기안과 함께 책상 위에 올려놔. 이번엔 가만두지 않을 테니까 기다리고 있어."

부장은 점점 목소리를 높이더니 윽박지르기까지 했다. 전에 다니던 회사에선 기안은 요식행위에 불과했다. 행사가 끝나고 나서 기안을 올리기도 했다. 그러나 이 회사에선 달랐다. 행사 전에 기안을 올려 경영진 결재까지 받아야 일이 진행됐다. 일의 흐름을 파악하지 못한 건 실수였다. 하지만 아침부터 인터뷰 준비하느라 여유가 없었고 기자간담회 준비까지 겹쳐 정신을 못 차리고 있다는 걸 누구보다 부장은 잘 알고 있었다. 그런 부장이 이렇게 막말을 하다니. 서러움이 북받쳐 올랐다.

"부장님, 죄송한데 지난주에 제가 메일 드렸잖아요? 부장님 피드백이 없어서⋯."

"나 대리, 지금 내 탓하는 거야? 어디서 나한테 책임을 떠 넘겨. 어디서 이 따위로 배웠어? 너 사표 써. 나가!"

사표 쓰라는 말에 나 대리는 울분이 터졌다.

"부장님 저도 한다고 하는 거잖아요? 왜 그러세요? 제가 놀면서 그러는 거 아니잖아요?"

나 대리도 소리를 질렀지만, 목이 메어 목소리가 제대로 나오지 않았다. 전화를 끊고 나 대리는 화장실에 가서 펑펑 울었다. 조그마한 실수도 감싸주지 않는 부장이 야속한 게 아니었다. 화풀이의 대상, 스트레스 해소 도구가 된 듯한 스스로의 처지가 너무 서러웠다. 부장 얼굴만 떠올려도 가슴이 뛰고 치가 떨렸다. 자신을 생각하면 가슴이 저며 왔다. 하지만 달리 해 볼 방법이 없었다. 나 대리는 어느새 기안을 완성해 부장 책상에 올려놓았다.

분노 폭탄 돌리기

미국의 진화생물학자 데이비드 바래시가 검수리의 생태를 관찰할 때의 일이다. 절벽 위에 있는 둥지에 접근하자 새끼에 위협을 느낀 어미수리가 발톱을 세우며 달려들었다. 순간 멈칫했던 바래시는 어미수리를 노려보았다. 그러자 희한한 일이 벌어졌다. 싸움에 승산이 없다는 걸 깨달은 어미수리가 방향을 틀어 근처를 지나던 굴뚝새들을 맹렬하게 뒤쫓았던 것이다. 굴뚝새는 먹잇감으로 삼기엔 너무 작았고 재빨라 따라잡기도 힘들었다. 아무 실속이 없는 행동이었다. 검수리의 난데없는 행동은 일종의 화풀이였다. 센 상대를 어쩌지 못하고 대신 만만한 대상을 괴롭혔던 것이다.

동년배와의 싸움에서 진 개코원숭이 수놈은 주위를 두리번거리다가 만만한 젊은 수컷을 때린다. 짜증이 난 젊은 수컷은 암컷을 들이받는다. 몇 대 맞은 암컷은 새끼를 두들겨 패고 새끼는 갓난쟁이를 꼬집어 뜯는다. 이 모든 일이 15초 안에 벌어진다고 한다. 동물사회에서 화풀이는 일상이다. 인간도 마찬가지로 만만한 사람을 희생양으로 삼는 경우가 많다.

화풀이처럼 분노도 파급력이 강하고 확대되며 왜곡된다. 분노는 위에서 아래로 퍼진다. 윗사람에게 화풀이하는 건 어렵기 때문이다. 어디나 상하관계가 있기 때문에 분노는 사회 전체로 확산된다. 인간의 감정은 전염성이 있다. 사람은 행복한 사람을 보면 기분이 좋아지고 화가 난 사람을 보면 자신도 모르게 분노한다. 행복한 감정은 서서히 퍼지는 반면 분노의 전파 속도는 매우 빠르다. 분노처럼 빨리 퍼지는 감정이 없다.

최근 등장한 소셜미디어는 분노가 자라고 확산되는 온상 역할을 한다. 페이스북이나 트위터가 단순한 분노를 넘어 격분을 표출하는 곳으로 바뀌어 가고 있다. 슬픔은 혼자 삭이는 데 반해 분노를 느낄 땐 적극적으로 어필하기 마련이다. 갈수록 소셜미디어가 분노의 온상이 되어가는 건 이 때문이다. 마카다미아라는 땅콩을 잘못 내왔다고 난동을 부리고, 그것도 모자라 비행기를 회항시켜 사무장을 내리게 한 이른바 '대한항공 땅콩회항' 사건. '땅콩회항'이 재벌가 갑질의 대명사로 자리잡게 된 건 소셜미디어를 통해서였다. 하루 이틀 만에 수많은 글과 패러디물이 소셜네트워크를 뒤덮으면서 울분이 확산되고 재생산된 것이다. 세상을 떠들썩하게 한 '땅콩회항' 사건은 소셜미디어를 통한 분노의 파급력을 잘 보여 준다.

분노에 대처할 수 있는 무기

뇌는 우리를 위협하는 어떤 것에 대해서도 매우 민감하다. 그래야 살아남을 수 있기에 우리 뇌는 안전과 연관된 부위가 매우 민감하도록 설계됐다. 뇌의 깊은 곳에 위치한 변연계는 뇌의 파수꾼으로 불린다. 끊임없이 생존에 위협이 되는 요인들을 찾아 헤매기 때문이다. 변연계는 시각, 청각 등 오감으로 지각하는 모든 것을 유심히 살핀다.

변연계는 화를 내는 직장 상사의 모습을 생존에 위협이 되는 요소로 탐지하고 곧바로 '투쟁-도피(flight-fight) 모드'에 몰아넣는다. 싸울 것인가 도망갈 것인가를 결정하는 '투쟁-도피 모드'는 반사적으로 작동하기 때문에 합리적인 사고가 끼어들 틈이 없다. 예컨대 상사의 질책을 받아 화가 난다면 그 상황이 타당한지를 평가하고 올바른 대처방법이 무엇인지 생각하기가 쉽지 않다. 그래서 분노에 대처하려면 연습이 필요하다.

직장인들은 하루의 대부분을 직장에서 보낸다. 그만큼 직장 상사나 동료들과 맺는 인간관계가 일상의 대부분을 차지한다. 직장 내의 환경은 복잡한 인간관계로 얽혀 있다. 직장인들이 겪는 갈등과 스트레스의 상당수는 관계의 문제다. 특히 신세대 직장인들 중엔 관계를 잘 풀어 나가는 게 익숙하지 못해 스트레스를 받는 사람이 많다. 애지중지 부모의 과잉보호 속에 자란 탓이다.

어린 시절 적절한 좌절을 겪어야 어려움을 이겨낼 수 있는 힘이 생기는데 안타깝게도 그렇지 못한 신세대 직장인이 많다. '스펙'은 뛰어날지언정 문제 해결 능력과 참을성 등 보다 중요한 자아기능이 제대로 갖춰지지 않은 것이다. 이들은 조직 생활에서 조그마한 어려움에 부딪혀도 상처받고 움츠러들면서 무너져 버리는 경우가 많다. 직장 상사에게 질책을 받거나 무시당했을 때 면전에서는 아무 말도 못하고 분노만 쌓아 간다. 그러다가 갑자기 분노가 폭발해 상사에게 대들거나 심한 스트레스로 일을 포기하는 경우가 많다.

사회생활을 하다 보면 상대방의 분노에 맞닥뜨리거나 화가 나는 상황이 비일비재하다. 상대방의 분노든 내 맘속의 화든 잘 다스려야 내 맘이 멍들지 않고 인간관계도 지킬 수 있다. 분노 사회에서 자신을 지키려면 분노에 대처할 수 있는 무기를 손에 넣고 있어야 한다.

02

분노는 원초적 본능이다

공격성은 생존 본능이다

성실하고 다정한 가장인 톰 스톨(비고 모텐슨 분)은 변호사인 아름다운 아내와 중학생인 아들, 여섯 살 난 귀염둥이 딸과 단란한 가정을 꾸리고 있다.

어느 날 톰이 경영하는 식당에 불량배들이 몰려와 종업원과 손님을 위협하는 사건이 벌어진다. 톰은 총을 빼앗아 이들을 죽이고, 그의 행동은 이웃을 구한 영웅적인 행동으로 TV 뉴스에 나온다. 이후 평화롭게 살아가던 톰의 일상은 위기를 맞는다. 한쪽 얼굴이 일그러진 사내가 TV에서 톰을 본 뒤 주변을 맴돈다. 그는 톰을 '조이'라고 부르면서 가족들에게 믿기 힘든 얘기를 털어놓는다. 톰이 원래 잘나가던 킬러였는데, 껄끄러운 문제를 일으킨 뒤 갑자기 사라졌다는 것이다. 톰은 자신이 '조이'였다는 사실을 극구 부인하지만 결국 진실이 드러난다. 가족들은 자신이 알던 남편이자 아버지가 전혀 다른 사람이었다는 것에 경악한다.

눈에 띄지 않는 조용한 학생인 톰의 아들 잭은 때때로 불량배들에게 시달린다. 하지만 온순하게 자란 탓에 별 저항을 하지 못한다. 아빠가 왕년에 잘나가는 킬러였다는 사실을 알게 된 잭은 자신을 괴롭히던 불량배들을 단숨에 때려눕힌다. 가슴속에 쌓여 있던 분노가 한꺼번에 터져 나온 것이다.

「폭력의 역사」라는 영화다. 공격성은 누구에게나 내재되어 있고, 단지 모습을 드러내지 않을 뿐이라는 것이 이 영화의 메시지다. 폭력과는 거리가 멀었던 잭이 아빠의 과거를 알게 된 뒤 위협에 대해 폭력으로 대처하는 모습이 인상적이다. 사람은 위협을 당하는 순간 누구나 공격적으로 변한다. 평범한 일상이 하루아침에 폭력으로 점철될 수 있는 것이 인간 사회다.

가젤과 물소, 얼룩말이 지천으로 널려 있는 아프리카의 초원. 초원의 제왕이라 불리는 사자는 굶주려 있다. 사냥에 성공하는 게 보통 힘든 일이 아니기 때문이다. 사자가 달려들어도 가젤은 빠른 발과 민첩한 행동으로 도망치기 일쑤다. 몸집이 큰 물소를 잡으려다가 뒷발에 채이거나 뿔에 받혀 큰 부상을 입기도 한다. 그래서 가족들과 힘을 합쳐 최선을 다해도 사자가 사냥에 성공할 확률은 20%에 불과하다. 다섯 번 시도해야 겨우 한 번 성공할 수 있다. 사냥에 성공을 하면 그 날은 맘껏 먹지만, 그렇지 않은 대부분의 날은 쫄쫄 굶는다. 사냥에 실패한 사자는 상처가 덧나거나 굶주림이 심해져 죽는다. 이처럼 최상위 포식자인 사자도 가혹한 자연환경 속에서 살아남는 건 쉬운 일이 아니다.

공격성의 근원은 생존에 있다. 동물은 약육강식이라는 자연 원리 속에 생존과 자기방어를 위해 공격성을 발전시켜 왔다. 살아남기 위해 생물끼리 벌이는 투쟁은 어떤 자연의 원칙보다 상위에 있다. 먹잇감을 공격하거나 포식자에 대항하기 위해선 공격성이 충분해야 한다.

같은 종 내에서도 한정된 자원을 차지하고 후손을 남기기 위해 엄청난 경쟁이 벌어진다. 원숭이 사회에서 집단의 우두머리는 배불리 먹고 수많은 암컷을 거느린다. 하지만 우두머리 지위를 지키기는 쉽지 않다. 호시탐탐 그 자리를 노리는 수컷들 사이에서 일상적으로 피 터지는 싸움이 벌어진다. 사회적 지위가 낮은 원숭이는 굶주려 죽거나 배우자를 얻지 못해 후대에 유전자를 남기지 못한다.

생물 진화의 원동력은 '자연 선택'과 '성 선택'이다. 생식 능력을 갖춘 성인기까지 살아남아 후손을 남기는 것이 생물의 가장 원초적인 욕구다. 이런 기본적인 욕구를 충족하기 위해 공격성은 필수 요건이 되었다. 수백만 년에 걸친 진화 과정을 통해 공격성은 인간의 유전자에 각인되었다. 위협을 느끼거나 위급한 순간 여지없이 공격성이 튀어 나오는 것은 이 때문이다.

누군가 나를 위협하거나 갖고 있는 재산을 뺏으려 한다면 가만히 있을 수 없다. 내 영역을 침범하는 경우에도 자신을 보호하기 위한 행동이 필요하다. 인간을 비롯해 모든 생명체는 생존하기 위해 어떤 형태든 보호 장치가 필요하다. 분노는 위기 상황에서 자신을 보호하기 위한 도구다. 그래서 분노는 엄청난 에너지를 동반한다. 모욕당하거나 무시당했을 때 분노는 상대방에 맞설 힘을 준다. 공격에 저항하고 상대방을 제압할 수 있는 힘을 주는 것이다. 화가 날 때 우리 뇌에선 아드레날린이 분출된다. 아드레날린은 심장을 빨리 뛰게 하고 근육을 긴장시켜 순간적으로 폭발적인 힘을 쓸 수 있게 만든다.

분노는 소통과 방패의 역할을 한다

쥐를 가둬 놓고 계속 전기 충격을 가한다. 그런 다음 쥐를 해부해 보면, 심한 스트레스로 인해 위에 궤양이 생기고 부신이 커져 있다. 이번엔 쥐 두 마리를 한 우리에 넣고 전기 충격을 준다. 포악해진 두 놈이 미친 듯이 싸운다. 그 두 마리를 꺼내 해부해 보면, 위도 멀쩡하고 부신도 커져 있지 않다. 전기 충격에 대한 분노를 상대방에게 풀면서 스트레스가 줄어든 탓이다. 분노는 약자가 살아남기 위한 몸부림이다. 사람이나 동물이나 분노를 표현하지 않는 개체는 오래 살아남기 힘들다. 한 번 약골로 찍히면 동네북이 되기 십상이다.

치켜뜬 두 눈과 일그러진 표정, 앙다문 입술은 상대방을 긴장시킨다. 화난 얼굴을 보고 '저게 무슨 표정일까?'라고 의아해하는 사람은 없다. 화난 얼굴은 공격의 신호이기 때문이다. 우리 조상은 화난 표정을 분명히 구분할 수 있도록 진화해 왔다. 화난 얼굴을 알아보지 못한 조상은 상대의 공격에 무방비로 노출돼 이미 멸종됐을 것이다. 강렬한 눈빛과 호전적인 몸짓은 누구나 금방 알아보기 때문에 상대방에게 분명한 메시지를 전달한다.

분노는 무언가를 더 이상 원하지 않는다는 강력한 신호다.

"난 이걸 원하지 않아. 이제 그만해."

분노는 상대방의 행동을 바꾸려는 시도다. 화를 냄으로써 상대에게 더 이상 선을 넘으면 저항과 반격을 각오해야 한다는 신호를 준다. 분노는 소통과 방패의 역할을 한다.

최근 '힘 희롱(power harassment)'이라는 신조어가 생겨났다. 한 항공회사 부사장의 막말 사건이 계기가 됐다. '힘 희롱'은 직장에서 상사가 자신의 지위를 이용해 부하 직원을 괴롭히는 행위를 뜻한다. 폭언에 가까운 상사의 모욕적 언사나 억지 등을 참아내던 사람들의 분노가 폭발하면서 '힘 희롱'이란 용어가 부각된 것이다.

표현을 하지 않으면 상대방이 얼마나 힘들어하는지 모르는 사람들이 있다. 대개 직장 상사들이 그렇다. 전혀 몰랐다는 듯 눈을 크게 뜨고 "정말 그 정도인 줄은 몰랐어."라고 말한다. 본래 당하는 사람은 두고두고 마음에 분노를 쌓아 가지만, 가해자는 이 사실을 잘 모르기 마련이다. 직장 안에서는 위계질서 속에서 벌어질 수 있는 상황이라고 합리화하기 쉽다.

이럴 땐 꾹꾹 참는다고 문제가 해결되진 않는다. 마음에 계속 담아 두면 분노를 억누르느라 많은 에너지가 소모된다. 이렇게 쌓인 분노는 조그마한 틈새로 결국 터져 나온다. 분노가 폭발하면 돌이키기 어려운 관계로 악화되기 마련이다. 해묵은 감정을 계속 쌓아 두기만 하면 결국 관계가 끊어지는 것이다. 표현하지 않고 쌓인 감정은 관계에 치명적인 독이 될 수 있는 만큼 드러낼 필요가 있다. 그렇다고 무작정 화를 내는 방식은 곤란하다. 분노는 전염성이 있어 상대방이 이성적으로 받아들이기 힘들기 때문이다. 상대방의 어떤 행동이 나에게 상처를 줬으며 그로 인해 어떤 느낌이 드는지를 이성적으로 얘기하는 게 좋다. 물론 정색을 하고서 말이다.

상대방이 이치에 맞지 않는 요구를 하거나 이용하려고 들어도 좀처럼 거절하지 못하는 사람들이 있다. 착한 사람 콤플렉스가 있는 이를테면 관계중독에 빠진 사람들이다. 이들은 거절을 잘하지 못하지만, 설령 상대방의 과도한 요구를 거절한다고 해도 죄책감이나 수치심에 빠지기 쉽다. 이를 막아 주는 게 분노다. 정당한 분노는 부정적인 감정에서 벗어나는 데 도움을 준다. 떠맡지 말아야 할 죄책감이나 적절하지 않은 수치심에서 벗어날 수 있게 도와주는 것이다. 거절에 대해 죄책감을 가질 게 아니라 무리한 요구에 대해 분노하는 게 정답이다.

분노는 성취욕의 원동력이다

2010년 네덜란드의 위트레흐트 대학교 심리학과 연구팀은 분노와 성취동기 간의 관계를 연구했다. 연구진은 컴퓨터 스크린을 통해 실험 참가자에게 머그잔이나 펜 같은 물건 사진을 컴퓨터 모니터로 보여 줬다. 이 물건 사진들의 배경에는 참가자가 알아차리지 못할 정도로 짧은 시간 동안 특정 감정을 나타내는 표정이 사진에 함께 나타나도록 했다. 화난 표정, 두려운 표정, 무표정의 얼굴 사진을 각각 깜박거리게 해 표정별로 물건과 결부시켰다. 연구진은 실험 참가자가 모니터에 나타난 물건을 원하면 준비된 손잡이를 꼭 쥐어서 표현하도록 했다. 손잡이를 세게 쥘수록 모니터에서 보고 있는 물건을 얻을 가능성이 높아진다는 설명을 덧붙였다. 여러 차례 실험한 결과 사람들은 화난 얼굴이 깜박거릴 때 해당 물건을 얻기 위해 더 세게 손잡이를 쥐었다. 실험 참가자들은 중립적이거나 두려워하는 표정과 연계된 물건보다 화난 표정과 함께 보여 진 물건을 훨씬 더 갖고 싶어 했던 것이다. 연구진들은 이 실험을 통해 분노가 동기부여에 도움이 된다고 결론 내렸다.

분노는 자기 계발을 위한 에너지로 승화될 수 있다. 왜 화가 났는지를 곰곰이 살펴보면 중요한 통찰을 얻을 수 있다. 혹시 내가 부족한 게 있는지 다른 사람에게 뺏기고 싶지 않은 게 무엇인지 알 수 있는 것이다. 그냥 화만 내고 만다면 아무런 발전이 없다. 무엇이 내 마음을 건드렸는지를 꼼꼼히 살펴봐야 한다. 마음속 깊은 곳에 있는 열등감이나 시기심이 자극되었는지 말이다. 자존심이 상했던 경험은 강렬한 기억으로 남아 자존감 회복을 위한 노력으로 나타난다. 자기 분발의 계기가 되는 것이다. 분노는 이전에 해내지 못했던 것을 달성할 수 있는 에너지를 제공한다. 예컨대 시험에 떨어졌거나 시합에 졌을 때 분발해 성취를 이룰 수 있도록 하는 자극제가 되는 것이다.

분노가 원동력이 돼 큰 성공을 거둔 대표적 사례가 세계적인 스포츠카인 람보르기니다. 람보르기니의 창업주 페루치오 람보르기니(Ferruccio Lamborghini)는 페라리의 창업주 엔초 페라리(Enzo Ferrari)에게 페라리의 결함을 알리러 갔다가 문전박대를 당했다. 결국 페루치오는 페라리보다 뛰어난 스포츠카를 만들기 위해 람보르기니를 창업했다.

페루치오 람보르기니는 원래 트랙터 사업가였다. 1950년대 후반 트랙터 사업으로 큰돈을 모은 람보르기니는 종종 페라리에 올라 도로를 질주했다. 하지만 자신이 구매한 페라리 스포츠카가 마음에 들지 않았다. 그래서 엔초 페라리에게 차를 개선해 달라고 요청했다. 그러나 자존심이 강한 엔초는 페루치오의 요청을 무시했다. 페루치오는 화가 났고, 페라리의 콧대를 꺾기 위해 직접 스포츠카를 만들기로 작정했다. 이것이 람보르기니의 시작이다. 페라리를 향한 람보르기니의 분노가 세계 최고 스포츠카 브랜드를 탄생시킨 셈이다.

실제로 페라리를 향한 람보르기니의 분노와 복수심은 여기저기서 나타난다. 페라리 디자이너들을 대거 빼내 자사 디자이너로 고용하는가 하면 람보르기니의 첫 모델은 페라리를 꺾기 위해 의도적으로 손해를 감수하며 팔았다. 이 같은 공격적 경영으로 람보르기니는 반세기 이상 세계 스포츠카 시장에서 페라리와 어깨를 겨루며 경쟁하고 있다.

분노는 인간의 성취 욕구를 자극한다. 동기를 유발해 목표를 달성하게 하는 원동력이다. 누군가 나를 분노케 한다면 화를 낼 것이 아니라 흔들림 없이 앞으로 나아가라는 메시지로 받아들이자. 그럼 분노는 독에서 나를 성장시키는 영양제로 바뀔 것이다.

분노는 정의를 바로잡는 힘이다

분노는 사회 정의를 바로 세우고 역사가 진보하는 데 큰 역할을 한다. 불의에 저항하기 위해선 정당하게 분노해야 한다. 분노하지 않는 사람은 사회에 참여하지 않는다. 최악의 태도는 무관심이다.

"내가 뭘 어떻게 할 수 있겠어? 내 앞가림이나 잘해야지."

이런 태도는 현재의 상태를 묵인하고 방조하는 데 일조한다. 사회적 참여야말로 삶의 공동체적 가치를 회복하고 역사를 전진시키는 힘이다. 그 바탕엔 불의를 보고 참지 않는 정당한 분노가 있다.

클린트 이스트우드가 감독하고 주연한 영화 「그랜 토리노」는 정당한 분노를 잘 보여 준다. 자동차 공장에서 은퇴해 무료한 노년을 보내는 월트(클린트 이스트우드 분). 그는 한국전쟁에 참전했다가 입은 정신적 상처로 평생을 괴로워한다. 월트는 스스로에 대한 죄책감과 자신을 그렇게 만든 세상에 대한 분노가 가득 찬 인물이다. 그는 미국자동차만 타고 외국인을 혐오하며 자기 눈에 거슬리는 꼴은 죽어도 못 보는 성격의 소유자다. 가족과도 사이가 나빠 혼자 지낸다. 그가 아끼는 건 '그랜 토리노' 자동차뿐이다.

어느 날 옆집에 동양계 이민자 가족이 이사를 온다. 인종차별적 성향이 강한 월트는 이사 온 이웃이 탐탁지 않다. 그러던 중

옆집의 아들 타오가 십대 갱들의 협박에 못 이겨 그랜 토리노를 훔치러 차고에 침입하자 총을 꺼내 든다. 하지만 그 사건을 계기로 오히려 타오의 가족에게 마음을 연다. 가난하지만 정직하게 살려고 노력하는 타오의 가족들에게 감명을 받았기 때문이다.

십대 갱들은 계속 타오와 수 남매를 괴롭힌다. 월터는 왕년의 솜씨를 발휘해 남매를 괴롭히는 갱 두목을 혼내 준다. 이에 대한 복수로 갱들은 타오의 집에 총기를 난사하고 수를 만신창이로 폭행한다. 월터는 갱단을 향해 분노를 불태운다. 폭력의 악순환을 부른 자신에게 분노의 칼끝을 겨누고 남매를 위한 희생을 선택한다. 월트는 갱단 전체와 전쟁을 벌이는 대신 자신을 희생해 폭력을 종식시킨다. 혼자 갱단의 소굴을 찾아 들어간 월트. 그가 안주머니에 손을 집어넣자 무기를 꺼내는 걸로 오해한 갱들이 총을 난사한다. 하지만 그는 비무장 상태였고 라이터를 꺼낼 참이었다. 월트는 분노했지만 폭력 대신 희생을 선택했다. 갱들은 살인혐의로 체포되고 월트의 희생 덕분에 타오와 수 남매는 평온한 일상을 되찾는다.

03

분노는 인간관계를 해친다

아리스토텔레스는 『니코마코스 윤리학』에서 "분노는 어느 정도까지는 이성에 귀를 열어 주는 것 같아 보인다. 하지만 분노는 사람 말을 끝까지 듣기도 전에 달려 나가서는 명령을 잘못 이행하는 성급한 노예들처럼 비뚤어지게 나아가고 만다."라고 얘기했다. 분노가 휩쓸고 지나 간 자리에는 자책과 후회만 남는다. 분노를 참지 못해 일을 그르치고 그동안 쌓아 온 인간관계가 허물어질 때마다 '다시는 그러지 말자'고 다짐하지만, 이 역시 쉽지 않다. 무엇보다 분노는 인간관계를 망가뜨린다.

분노로 상대방을 이해시킬 수는 없다

분노가 쌓이면 병이 된다고 생각하는 사람이 많다. 물론 화가 쌓이면 마음속에 응어리가 지면서 가슴이 답답해진다. 화병으로 이어져 시도 때도 없이 열이 오르거나 가슴이 두근거리기도 한다. 그래서 화는 쌓이지 않도록 털어내야 한다고들 한다. 그렇다고 화를 내면 마음속의 응어리가 풀릴까? 그렇지 않다. 오히려 화를 낼수록 분노가 해소되기는커녕 더 쌓인다. 분노는 상대방을 자극하기 때문이다. 아무리 이유가 있는 분노라고 해도 상대방은 이성적으로 받아들이기 힘들다. 분노로 상대방을 이해시킬 수는 없는 것이다. 분노는 인간관계에 독으로 작용할 뿐이다.

개인 세무사 사무실을 운영하는 임재영 씨는 자주 바뀌는 직원들 때문에 고민이다. 몇 개월을 버티지 못하고 그만두는 직원 탓에 골머리를 앓고 있다. 임 씨는 신입직원이 들어오면 빨리 일을 시킬 요량으로 업무에 대해 이것저것 상세히 알려준다. 얼마 전 20대 초반의 박미선 씨가 새로 들어왔다. 이번에도 박 씨를 앉혀 놓고 업무에 대해 세세하게 설명을 해줬다. 박 씨가 이미 다른 세무사 사무실에서 일한 경험이 있어 박 씨에 대한 기대가 높았다. 그런데 박 씨는 가르쳐 준 일을 제대로 해 내지 못하고 연달아 실수를 했다. 순간 임 씨는 참지 못하고 소리를 질렀다.

"가르쳐 줬으면 제대로 해야 될 것 아냐! 방금 가르쳐 준 것도 제대로 못하니? 전에 근무했다면서? 너 거기서 일하다가 잘린 거 아냐?"

순간 박 씨의 얼굴은 납빛으로 변했다. 일부러 그런 것도 아니고 업무 파악이 덜 되어 실수를 한 건데 욕을 먹다 보니 어이가 없었다. 출근 첫 날부터 사장에게 감정이 상해 도저히 사무실에 붙어 있을 수가 없었다. 박 씨는 바로 임 씨에게 사무실에 다니지 못하겠다고 말하고 자리를 떴다.

임 씨도 속이 상했다. 직원들에게 좋은 사장이고 싶은데 욱하는 성격 때문에 감정 조절이 안 돼 직원들과 감정이 상할 때가 많고 항상 손해를 보는 것 같았다. 그러다 보니 오래 근무하는 직원이 없어 사무실 운영이 힘들 정도다.

화는 단호한 메시지를 전달하지만 상대방의 마음을 움직이지는 못한다. 오히려 상대를 방어적으로 만들고 귀를 닫게 한다. 상대방이 나를 피하게 만든다. 다른 사람들에게 영향을 미칠 수 있는 가장 좋은 방법은 내 스스로 모범이 되는 것이다. 분노를 조절함으로써 인간관계를 지키고 주위 사람들에게 모범을 보일 수 있다. 화를 긍정적 힘으로 이용하면 자신감도 높아진다.

인류는 생존을 위해 위협에 매우 민감하게 반응하는 뇌를 발달시켜 왔다. 화내는 표정을 보면 우리 뇌는 경보를 울린다. 하버드 대학교 스트라우스 박사팀은 사람들에게 화가 난 표정이 담긴 사진을 보여 주고 뇌 자기공명영상을 촬영했다. 그러자 전측대상피질(anterior cingulate gyrus)과 뇌섬엽(insula)을 비롯해 해마(hippocampus)와 변연계(limbic system)가 활성화됐다. 전측대상피질은 상호 작용의 중추다. 뇌섬엽은 고통이나 역겨움 등의 감정을 담당하는 뇌 부위고, 변연계 역시 감정을 처리하는 중추다. 해마는 기억을 담당하는 곳이다. 화가 난 표정만 보아도 부정적인 감정을 담당하는 뇌의 영역이 총 출동하는 것이다.

내가 화를 내면 상대방이 별 반응을 보이지 않더라도 상대방의 뇌는 초긴장 상태가 된다. 안 좋은 감정을 처리하기 위해 부지런히 노력하고 있다는 얘기다. 우리는 화를 낼 때 상대방의 뇌에서 부정적인 감정 처리 과정이 얼마나 강하게 일어나고 있는지를 제대로 알아야 한다. 화가 난 얼굴을 보면서 야단을 맞으면 뇌에 미치는 영향이 더 크다. 전측대상피질과 뇌섬엽, 정서와 기억중추가 총 동원되고 갈등을 조정하는 전두엽에까지 빨간 불이 들어와 뇌는 부정적이고 복잡한 상태가 된다. 그만큼 그 사람과의 관계에 미치는 영향이 크다.

분노는 관계를 단절시킨다

주차공간이 협소한 다세대주택이나 주택가 골목에선 매일 주차 전쟁이 벌어진다. 그러다 보니 주차 시비가 비일비재하다. 사소한 시비가 싸움으로 번져 이웃 간의 관계가 무너지거나 폭력

사태가 벌어지기도 한다.

민태수 씨와 황경민 씨는 같은 빌라에 사는 이웃이다. 주차 공간이 비좁아 이중 주차를 하는데, 민 씨는 평소 황 씨가 자신의 차 앞에 주차하는 게 불만이었다. 차를 뺄 때마다 황 씨에게 연락을 해야 했지만, 이따금 연락이 닿지 않아 차를 빼지 못한 적도 있었다. 그러던 어느 날 민 씨는 자신의 차 앞에 또 황 씨 차가 주차돼 있는 것을 보고 그동안 쌓였던 화가 폭발했다. 민 씨는 차를 빼기 위해 내려온 황 씨에게 "왜 항상 내 차 앞에 주차하느냐?"고 따지면서 언성을 높였다. 말싸움은 급기야 몸싸움으로 번졌다. 분을 이기지 못한 민 씨는 집에 올라가 가스총을 꺼내 와 황 씨를 위협했다. 민 씨는 놀라서 도망가는 황 씨를 쫓아가 넘어뜨린 뒤 얼굴에 가스총을 분사했다. 황 씨는 정신을 잃었고 경찰에 연행된 조 씨는 폭력행위 등 처벌에 관한 법률 위반 혐의로 입건되었다.

치킨 집을 운영하는 임동규 씨는 자신의 가계 앞에 주차된 트럭을 빼 달라고 연락을 했다. 간혹 무단으로 주차한 차가 가계 입구를 가로막아 감정이 상한 터였다. 수차례 연락처로 전화를 했지만 전화를 받지 않자 화가 치밀기 시작했다. 그러던 중 근처에서 식사를 마친 운전자가 치킨 집 앞으로 돌아왔다. 분통이 터진 임 씨는 운전자에게 "빨리 차 빼."라고 반말 투로 얘기했고, 상대방은 "왜 기분 나쁘게 말하느냐?"고 대꾸하면서 말다툼이 시작됐다. 말다툼은 고성과 욕설로 치달았고 급기야 운전자는 트럭에 있던 손도끼를 꺼내와 "다시 말해 봐."라며 임 씨를 위협했다. 거의 손도끼로 내려칠 기세였다. 놀란 임 씨는 2백여 미터를 도망가다가 계단에서 다리를 헛디뎠고 발목이 부러지는 중상을 입었다.

우리는 자신의 기분을 다른 사람에게 투사하기도 한다. 내가 기분이 안 좋은데, 다른 사람이 나를 기분 나쁘게 한다는 식이다. 직장에서 쌓인 스트레스를 만만한 가족들에게 풀 때도 있다. 이런 일이 반복되면 우리가 두려워하는 고독이나 고립에 맞닥뜨린다. 분노는 다른 사람들을 자신에게서 밀어내기 때문이다. 우리가 가장 두려워하는 것 중의 하나가 바로 그 외로움이다. 화를 내고 위협적인 태도를 보이면 더욱 고립될 것이고, 그러면 외로움 때문에 더 화가 날 것이다. 분노는 관계를 단절시켜 고독으로 이끌고, 그로 인한 외로움은 더 큰 분노를 부르는 악순환으로 이어진다.

화가 나면 입에 못 담을 욕설을 퍼부으며 아내와 아들을 윽박지르는 김성규 씨는 이름만 대면 알 만한 대기업의 상무다. 김 씨는 맡은 일은 해내고야 마는 추진력과 부하 직원들을 다루는 관리능력을 인정받아 회사원이라면 누구나 부러워하는 자리까지 올랐다. 성격이 좀 급한 편이기는 하지만, 회사에서는 할 말과 안할 말을 분별하는 진중한 성격과 부드러운 성품으로 윗사람과 부하 직원들에게 두루 신임을 얻고 있다. 하지만 집에서는 완전히 딴판이다. 조금만 말대답을 하거나 맘에 들지 않는 일이 있으면 욕설과 함께 소리를 지른다. 이를 견디지 못한 아들은 아버지를 자꾸 피하게 됐고, 김 씨는 이런 아들의 모습을 볼 때마다 부아가 치민다. 잘 대해 주겠다고 다짐을 했지만 좀처럼 쉽지 않다. 아들이 피하는 눈치를 보일 때마다 화가 쌓인 김 씨는 급기야 아들을 때렸고 아들은 집을 나가 버렸다.

분노 조절 기능에 문제가 생겨 반복적으로 분노가 폭발하거나 파괴적인 행동을 보이는 경우를 '분노 조절 장애'라 한다. 분노 조절 장애는 충동이 잘 제어되지 않는 일종의 충동 조절 장애다. 충동 조절 장애의 범주에는 병적 도벽(절도광), 병적 방화(방화광), 간헐적 폭발 장애 등이 있는데, 이 가운데 '간헐적 폭발 장애(intermittent explosive disorder)'가 바로 '분노 조절 장애'다.

분노 조절 장애가 있으면 사소한 자극에도 발작적이고 폭발적으로 반응한다. 예컨대 식당 종업원이 거슬리는 말투를 보였다고 격분하거나 택시기사와 사소한 실랑이를 벌이다 갑자기 무차별적인 공격을 퍼붓는다. 갑자기 폭발하면 난동을 피우지만, 평소엔 별다른 공격적인 행동을 보이지 않는다. 평소 얌전하게 지내다가 갑자기 발작적인 모습을 보이기도 해 주변 사람들이 깜짝 놀라는 경우도 있다. 이들이 폭발하는 건 강렬한 충동에 휩싸여 감정을 통제하지 못하기 때문이다. 분노의 폭풍이 지나가면 이들은 후회와 자책을 느낀다. 이것이 반사회성 성격이라 불리는 사이코패스와 다른 점이다. 그러나 후회만 할 뿐 이런 행동이 반복된다면 전문적인 도움을 받아야 한다.

04

분노는 나를
해친다

분노의 결말은 비극적이다

허먼 멜빌의 소설 『모비딕』은 분노로 점철된 삶을 살다가 파멸을 맞는 한 인간의 모습을 생생하게 그렸다. 한쪽 다리에 고래 뼈로 만든 의족을 한 선장 에이허브는 거대한 흰 고래 모비딕에게 다리를 잃은 뒤 집요하게 모비딕을 뒤쫓는다. 한쪽 다리를 가져간 모비딕을 찾아 복수하기 위해서다.

"나는 놈에게서 포악한 힘을, 그 속에 불끈거리는 불가사의한 악의를 느낀다네. 내가 증오하는 건 무엇보다 불가사의한 그것이야. 흰 고래가 앞잡이든 주범이든, 나는 놈을 상대로 내 원한을 풀 거야. 나한테 신성모독이란 말은 하지 말게. 날 욕보인다면 난 태양한테라도 덤벼들 수 있어. 태양이 그렇게 나온다면 나도 당한대로 갚아 줄 수 있다고."

어느 날 모비딕이 나타났다. 등에 수많은 작살이 꽂혔지만 욕망과 분노에 사로잡힌 인간들을 조롱하듯 쉽게 정복되지 않는다. 에이허브와 모비딕의 사투는 사흘간이나 지속된다. 이틀에 걸친 싸움에서 여러 척의 보트가 파괴되고 선원들이 죽어 가지만, 에이허브의 집착은 사그라지지 않는다.

"모든 것을 파괴하지만 정복하지 않는 흰 고래여! 나는 너에게 달려간다. 나는 끝까지 너와 맞붙어 싸우겠다. 지옥 한복판에서 너를 찔러 죽이고, 증오를 위해 내 마지막 입김을 너에게 뱉어 주마. 관도, 관대도 모두 같은 웅덩이에 가라앉혀라! 어떤 관도, 어떤 관대도 내 것일 수는 없으니까. 빌어먹을 고래여, 나는 너한테 묶여서도 여전히 너를 추적하면서 산산조각으로 부서지겠다. 그래서 나는 창을 포기한다!"

사흘째 되던 날 에이허브는 마지막 남은 보트를 타고 모비딕에게 작살을 명중시킨다. 하지만 작살 줄에 몸이 감겨 고래와 함께 바다 속으로 휩쓸려 들어간다. 편집증적인 분노와 복수가 비극적 결말을 맞은 것이다.

분노는 낼수록 쌓인다

분노를 터뜨리고 나면 가슴이 뻥 뚫리고 속이 후련해질 것 같다. 찜찜한 느낌이 남지만, 마음속에 응어리를 쌓아 두지 않으니 정신건강에는 좋을 것이라고 스스로 위로한다. 마음속 응어리를 풀어 감정이 순화되는 느낌, 이를 카타르시스라고 한다. 카타르시스는 아리스토텔레스가 『시학』에서 처음 사용한 용어다. 비극을 보면 주인공의 비참한 운명에 격한 감정이 유발된다. 간혹 눈물이 흐르기도 한다. 그 과정에서 부정적 감정이 순화돼 맺힌 게 풀리는 것 같은 느낌을 받는다. 이게 바로 카타르시스다. 카타르시스란 몸 안의 불순물을 제거한다는 뜻이다. 일종의 배설인 셈이다.

아리스토텔레스가 처음 제기한 카타르시스 이론을 계승 발전시킨 게 프로이트다. 프로이트는 억압된 분노가 쌓이면 히스테리와 같은 증상이 나타난다고 보았다. 감정이 적절하게 표출되지 못해 쌓이면 다른 출구를 찾을 수밖에 없는데 이게 바로 환자의 증상으로 나타난다는 것이다. 분노를 억압하면 쌓인 분노가 내면을 향한다는 게 프로이트의 시각이다. 해소되지 않고 쌓인 분노는 그 칼끝이 자신을 겨눠 자기혐오와 우울증의 원인이 된다. 치료란 환자로 하여금 부정적인 감정을 쏟아내게 하는 것이다. 이후 치료자와 어린 시절 부모와의 관계를 재현하면서 자아기능을 길러 부정적인 감정을 통제하도록 유도한다.

분노와 같은 부정적인 감정을 배출해 압력이 낮아지면 증상이 좋아지고 공격적인 행동이 줄어든다는 주장은 그럴듯해 보인다.

그러나 연구 결과는 이와 정반대다. 화풀이를 하면 공격성이 줄어드는 게 아니라 오히려 강화된다. 자신을 모욕한 사람을 쫓아가 화풀이를 하면 분이 풀리기는커녕 그 사람을 더 비난하게 된다. 화를 내면 뇌에서 스트레스 호르몬이 분비되는데, 분비된 호르몬이 다시 뇌를 자극한다. 확대재생산, 즉 악순환의 고리가 만들어지는 것이다. 그래서 화를 낼수록 더 울화가 치밀어 오르고 분노는 계속 커진다. 화를 내면 울분이 해소되기는커녕 분노라는 불길을 더 부채질하는 셈이다.

감정을 해소하는 것과 분노를 표현하는 일을 혼동해서는 안 된다. 프로이트가 말한 건 감정을 표현해 해소하라는 거지 화를 내라는 얘기가 아니다. 감정은 배출구가 필요하지만, 분노는 표현하면 할수록 마음을 갉아먹는다. 분노 표출이 카타르시스로 이어지진 않는 것이다.

분노는 심혈관계에 독이다

분노에 동반되는 생리적 상태는 공포와 비슷하다. 분노를 느끼면 뇌 안 깊숙한 곳에 있는 시상하부의 신경세포들이 깨어난다. 이들은 콩팥 위에 붙어 있는 부신에 신호를 보내 스트레스 호르몬인 '아드레날린(adrenaline)'과 '코르티솔(cortisol)'을 방출시킨다.

아드레날린은 위험으로부터 자신을 보호하기 위해 발전시켜

온 '투쟁-도피 반응'에 관여하는 물질이다. 위기 상황에 맞닥뜨렸을 때 신속하게 대응하도록 도와준다. 맞서 싸울 것인지 아니면 도망갈 것인지를 즉각적으로 결정하게 한다. 동공이 커지고 심장이 뛰며 머리카락이 서는 등의 반응이 그것이다. 따라서 '위기 관리 물질'로 불린다. 화를 낼 때 방출된 아드레날린은 몸 전체를 긴장 상태로 만든다. 뇌와 근육, 온 몸의 세포 하나하나까지 예민해져서 조금만 건드려도 터질 것 같은 상태가 된다. 아드레날린이 지나치게 많이 분비되면 건강에 치명적이다. 교감신경을 흥분시켜 심장을 빨리 뛰게 만들고 혈압을 높이기 때문이다. 아드레날린 수치가 계속 높으면 고혈압이나 심장병 등 치명적인 질환이 생긴다.

자주 화를 내는 사람은 매일 독극물을 조금씩 복용하는 것과 같다. 웬만해선 참는 사람은 정말 억울하고 공정하지 못하다고 느낄 때만 화를 낸다. 이때도 혈압이 천정부지로 올라가진 않는다. 그러나 자주 화를 내는 사람은 분노를 터뜨릴 때마다 혈압이 크게 치솟는다. 혈압은 화를 억누를 때보다 낼 때 훨씬 더 많이 올라간다. 분노를 터뜨린 뒤에도 혈압은 잘 떨어지지 않는다. 화가 폭발할 때 혈압은 급격히 상승하고 그 뒤에도 한동안 올라간 혈압은 내려가지 않는다.

습관적 분노는 치명적이다

뇌는 익숙한 것을 좋아한다. 뇌는 득이 되는 것을 택하는 것이 아니라 익숙한 행동을 반복한다. 자주 하는 행동이 몸에 배 기억으로 남는 게 습관이다. 이때의 기억은 추억이나 지식처럼 명시적 기억이 아닌 절차적 기억이다. 어린 시절 배운 자전거 타기나 피아노 연주는 꽤 오랜 시간이 지나도 잊어버리지 않는다. 운전을 할 때 굳이 집중하지 않아도 차선을 벗어나지 않는 것도 마찬가지다. 이게 다 절차적 기억이다. 습관도 절차적 기억의 일종이어서 웬만해선 바뀌지 않는다.

습관은 왜 필요할까? 생존을 위해서다. 하루하루 살아남는 게 목표였던 우리 조상은 위험을 피하고 먹을 것을 찾는 데 가장 효과적인 생존 원리를 발달시켜 왔다. 이렇게 하면 적어도 목숨은 부지할 수 있을 것 같은 행동들을 습관으로 만든 것이다. 뇌는 수십만 년간 발달시켜온 생존의 원리를 좀처럼 바꾸려 하지 않는다. 새로운 행동이 이득이 될 수도 있지만 만에 하나 생명에 위협이 될 수 있기 때문이다. 위협이 사라지고 풍요로운 사회가 됐지만 우리 뇌는 바뀌지 않았다.

현대인의 뇌에도 원시인 뇌의 작동 원리가 그대로 남아 있다. 그래서 먹을 것이 지천으로 널려 있어도 식욕을 억제하지 못한다. 열량이 넘쳐도 몸은 자꾸 체지방을 쌓아 비만이 된다. 뇌는 새로운 것보다는 익숙한 것을 좋아한다. 이런 식으로 뇌 안에 굳어진 것이 습관이다. 자꾸 화를 내는 것도 일종의 습관이다.

심장병 전문의 프리드만과 로젠만은 성격 유형을 A와 B형으로 나누고 심장병 발생 위험을 비교했다. 두 성격 유형은 혈액형으로 나눈 것이 아니다. A형은 성격이 급하고 경쟁심이 강하며 공격적인 반면 B형은 느긋하고 잘 참으며 다른 사람을 신뢰하는 성격이다. 조사 결과, A형 성격이 B형에 비해 심장병 발생 위험이 3배가량 높은 것으로 나타났다. A형 성격의 여러 요소 중 심장병 발생과 가장 연관이 깊은 건 분노와 적개심이었다. 적개심이 많고 습관적으로 분노를 표출하는 사람이 심장병에 잘 걸린다는 얘기다.

화를 내면 교감신경이 흥분해 심장이 뛰고 혈압이 오른다. 자주 화를 내면 교감신경을 가라앉힐 새가 없다. 평상시에도 교감신경이 긴장 상태를 유지하는 것이다. 그래서 조그마한 자극에도 교감신경이 쉽게 흥분한다. 몸의 입장에선 위기가 자꾸 반복되니까 더 빨리 대처할 수 있도록 준비하는 것이다. 분노와 같은 격한 감정도 일종의 스트레스다. 스트레스를 자주 받는 사람이 스트레스에 더 취약하듯 화도 많이 내는 사람이 다음번에 더 쉽게 분노를 느낀다.

의과대학생 255명을 대상으로 적대감을 측정하는 성격 검사를 하고 25년이 지난 뒤 건강 상태를 살펴본 연구도 있다. 조사 결과 분노감이 약한 사람들에 비해 분노감이 강한 사람들이 심장병을 5배나 더 많이 앓고 있었다. 분노감에 시달리는 사람은 담배를 피우는 사람만큼 심장병 위험이 높은 셈이다.

미국 존스홉킨스 의과대학 연구진이 성인 천 명을 조사한 결과, 걸핏하면 화를 내는 사람은 55살 이전에 심장병에 걸릴 가능성이 3배, 심장마비가 생길 위험이 5배 높았다. 이런 성격의 소유자들에게 화를 다스리는 방법을 배우고 실천하도록 했더니 심장 상태가 나아졌다.

화를 낼 때 분출되는 대표적인 스트레스 호르몬인 코르티솔의 유해성도 잘 알려져 있다. 우리 몸에선 하루에도 암세포가 수천 개씩 생긴다. 그럼에도 멀쩡할 수 있는 건 '자연살해세포(natural killer cell)'가 있기 때문이다. 자연살해세포는 암세포를 찾아 파괴해 암세포의 공격을 막아 내는 면역세포다. 코르티솔은 자연살해세포의 기능을 떨어뜨린다. 자주 화를 내는 사람은 면역력이 약해져 암이 생길 위험이 높아질 수 있다는 얘기다.

이처럼 화는 내면 낼수록 손해다. 건강을 지키는 최고의 방법은 분노를 억제하고 화를 다스리는 것이다.

제2장

당신이 분노하는 진짜 이유

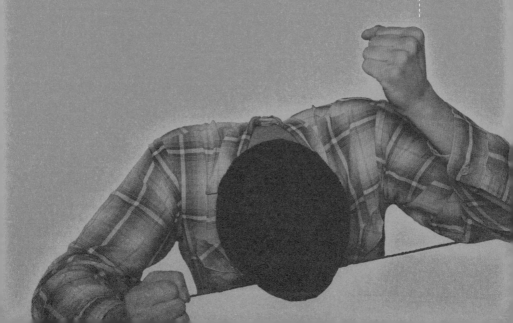

01
공격성으로 보는
생물학

남성 호르몬이 공격성을 높인다

대개 여성보다는 남성이 분노를 많이 하고 공격성이 높다. 남성 호르몬 분비가 최고조에 이르는 청소년기엔 사소한 자극에도 공격성이 터져 나온다. 10대 후반에서 20대 초반 남성에게서 폭력적인 행동이 가장 많이 나타난다. 그 나이 무렵의 남성은 앞뒤 가리지 않고 분별력 없이 공격적인 행동을 하기도 하는데, 남성 호르몬이 갑자기 분출하기 때문이다. 그래서 이 시기를 '테스토스테론 치매기'라고 한다. 공격성은 남성 호르몬인 테스토스테론의 영향을 많이 받는다. 강력범일수록 테스토스테론의 수치가 높다. 여성도 테스토스테론이 소량 분비되는데, 이 수치가 높을수록 분노와 공격성이 증가한다.

수컷 새끼 쥐를 거세하면 성장한 뒤 수컷들이 갖는 공격성을 보이지 않는다. 거세한 쥐에게 남성 호르몬을 주입하면 일반 수컷 쥐와 같은 공격성을 띤다. 수컷 쥐에게 남성 호르몬을 주면 공격성이 증가하고 집단에서 사회적 지위가 올라간다. 인간의 경우도 남성 호르몬 수치가 높을수록 경쟁심이 강하고 사회적 지위에 대한 욕구가 강한 것으로 알려져 있다. 공격적이고 우세한 행동을 하는 사람일수록 남성 호르몬이 더 많은데, 일부는 이것이 지나쳐 반사회적인 난폭한 행동을 하는 것으로 여겨진다.

남성 호르몬이 자기중심성을 강화해 다른 사람과의 협력을 방해한다는 연구 결과도 있다. 영국 런던 대학교의 니콜라스 브라이트(Nicholas Wright) 박사는 34명의 여성을 대상으로 남성 호르몬의 효과를 실험했다. 처음 보는 여성 둘을 짝 지어 모니터에서 격자무늬를 보게 한 뒤 더 밝은 그림을 고르게 했다. 격자무늬의 밝기 차이는 한눈에 파악하기 어려울 정도여서 서로 협력해 의논을 잘해야 정답을 맞힐 확률이 높았다. 실험은 일주일 간격으로 두 번 진행됐다. 처음에는 남성 호르몬 보충제를, 두 번째엔 가짜 약을 복용하게 했다. 그 결과 가짜 약을 먹은 경우 정답률이 훨씬 높았다. 더 나은 답을 찾기 위해 의논하고 서로의 의견을 받아들였기 때문이다. 남성 호르몬을 복용한 경우엔 자신의 의견만 강하게 주장했기 때문에 정답률이 현저히 낮았다.

남성 호르몬이 공격성과 연관 있는 것은 확실하지만, 한 개인의 남성 호르몬 수치를 측정해 그 사람의 공격성을 예측할 수는 없다. 집단 간의 평균값을 놓고 높은 쪽에서 폭력적인 행동이 더 많이 나올 것이라고 예측할 수 있을 뿐이다.

분노 조절 호르몬, 세로토닌

뇌에서 분비되는 신경전달물질에는 세로토닌(Serotonin)이 있다. 세로토닌은 과도한 흥분이나 격한 감정을 다스릴 수 있게 해준다. 충분히 분비되면 스트레스와 불안, 우울감이 사라져 마음이 평온해진다. 집중력을 높여 학습에도 도움이 된다.

세로토닌은 사회적 협력과 연관이 있다. 진화한 동물일수록 다른 동료와 협력하는 등 사회적 관계 맺기가 발달했는데, 세로토닌이 이런 행동을 조절한다. 뇌의 세로토닌 양이 적은 원숭이는 서로 협력하는 행동을 잘 배우지 못했고, 상대방을 신뢰하지 않아 외톨이로 남겨지는 경우가 많았다. 원숭이에서 뇌의 세로토닌 양이 적을수록 원숭이 사회에서 사회적 계급이 낮다는 연구 결과도 있다. 뇌의 세로토닌 양을 높여 주자 수컷 원숭이는 인기가 높아져 짝짓기에 더 많이 성공했다.

세로토닌은 충동적 성향과 공격성에 영향을 준다. 세로토닌 수치가 낮은 쥐들은 서로 잘 싸운다. 원숭이들도 마찬가지여서 세로토닌 수치가 낮을수록 자주 싸우고 많이 다친다. 이런 원숭이들에게 세로토닌을 높이는 약을 투여하면 서로 잘 지내게 된다. 사회 활동이 증가하는 것이다.

사람의 공격성도 세로토닌의 영향을 받는다. 방화범이나 폭력범의 세로토닌 수치를 측정해 봤더니 낮게 나왔다. 수치가 낮을수록 출소 후 재범을 저지를 가능성이 높았다. 세로토닌은 자신을 향한 공격성에도 영향을 미친다. 자살을 시도했으나 살아남은 사람들의 세로토닌 수치를 조사해 봤더니 수치가 낮을수록 다시 자살을 시도할 가능성이 높았다. 충동 조절에 문제가 있고 공격성을 보이는 성격 장애 환자에게서도 세로토닌이 줄어 있는 것으로 나타났다. 최근에는 기능적 자기공명영상장치(f-MRI)를 통해 뇌의 활동을 직접 들여다볼 수 있다. 기능적 자기공명영상장치를 통해 과격하게 자살을 시도한 사람과 분노 조절이 잘되지 않는 사람의 뇌를 들여다봤더니 전두엽에서 세로토닌의 분비가 줄어든 것이 확인됐다.

울컥하는 순간의 감정을 참지 못하고 벌컥 화를 내는 행동이 반복되는 사람은 분노 조절 장애일 확률이 높다. 이런 사람에게 세로토닌을 높이는 항우울제를 투여하면 충동적인 행동과 공격성이 줄어든다. 세로토닌을 높이는 약물은 순간적으로 욱하는 성질을 누그러뜨려 준다. 분노가 자신에게 향해 스스로를 파괴하는 행동이 자살이다. 세로토닌을 높이는 약물은 우울증 환자에게 자살충동을 줄여 자살위험을 현저히 낮춘다. 이처럼 세로토닌은 분

노를 조절하고 충동적인 행동을 억제하는 등 뇌에서 지휘자 역할
을 한다.

친밀감을 높이는 호르몬, 옥시토신

옥시토신(Oxytocin)은 출산할 때 산모의 체내에서 분비돼 아기
와의 애착을 돕는 호르몬이다. 아기에 대한 무한한 사랑의 원천이
며 산모에게 충만감과 행복감을 느끼게 한다. 신뢰와 친밀감의 원
천이 되는 이 물질이 '사랑 호르몬'이라고 불리는 까닭이다. 옥시
토신은 다른 사람을 신뢰하고 친숙한 관계를 맺는 것을 도와준다.

스위스 취리히 대학교의 에른스트 페르(Ernst Fehr) 교수팀이
128명의 남성을 대상으로 옥시토신의 효과를 실험했다. 실험은
주식 게임의 방식으로 이뤄졌다. 실험대상자들을 투자자와 수탁
자로 구분해 얼마나 많은 돈을 주식에 투자하는지 살펴본 것이다.
실험대상자들을 두 군으로 나눠 한 군은 코에 옥시토신을 뿌리고,
다른 군은 코에 가짜 약을 흡입하게 했다. 그 결과 옥시토신을 흡
입한 군에서 수탁자에게 두 배 이상 많은 돈을 맡겼다. 옥시토신
을 투여 받은 투자자들이 수탁자를 더 많이 신뢰한 것이다.

독일의 신경생물학자 요아힘 바우어(Joachim Bauer)는 협동이
인간의 본성이라고 주장한다. 우리는 서로 협동하도록 진화해 왔
으며 그 핵심에 있는 게 옥시토신이라는 것이다. 다른 사람에게

서 인정이나 사랑을 받을 때 옥시토신 분비가 촉진된다. 역으로 누군가를 신뢰하고 사랑할 때에도 옥시토신이 많이 분비된다. 옥시토신 분비량이 많아지면 충만감과 행복감도 커진다. '사랑 호르몬' 옥시토신은 행복의 묘약인 셈이다.

이처럼 옥시토신은 친밀감이나 유대감을 높이는 호르몬이다. 옥시토신은 공격성을 높이는 남성 호르몬의 대항 세력으로 발달했을 것이다. 진화과정에서 남성 호르몬에 의한 공격 시스템이 먼저 발달한 뒤 이를 보완하기 위해 옥시토신에 의한 공감 시스템이 갖춰진 것으로 보인다. 협조할 줄 모르고 상대방을 공격하기만 한다면 그 종은 살아남기 힘들기 때문이다. 옥시토신은 이렇게 속삭인다. "이 사람을 믿어 봐. 좋은 관계를 만들면 서로에게 이익이잖아?" 한편 남성 호르몬은 이렇게 속삭인다. "상대를 믿는 건 바보야. 그냥 해치워 버려!"

옥시토신은 불안과 공포, 분노 등의 감정을 담당하는 변연계의 활성도를 낮춘다. 감정의 뇌가 너무 들끓어 오르지 않도록 다독여 주는 것이다. 그래서 옥시토신이 부족하면 공포와 적대감, 불신감 등이 늘어 공격적인 행동으로 이어질 수 있다. 쥐의 뇌에서 옥시토신을 없애자 공격적인 행동이 폭발적으로 늘었다. 사람에서도 뇌의 옥시토신 양과 공격적인 행동은 반비례하는 것으로 확인됐다.

전두엽에 이상이 생기면 공격적인 행동이 나타난다

뇌에서 인간의 행동을 통제하는 사령탑이 전두엽이다. 전두엽은 내적 충동과 욕망을 제어하고 감정을 조절해 적절한 행동이 나타나도록 한다. 그래서 전두엽에 이상이 있으면 마치 고삐 풀린 망아지처럼 난폭한 행동이 나타난다. 전두엽 기능이 떨어지면 공격적인 행동을 보인다. 조지타운 대학교의 블레이크(Blake) 교수 팀이 살인범 31명을 조사한 결과, 무려 65%가 전두엽 기능 이상 증세를 보였다. 서던캘리포니아 대학교의 레인(Raine) 교수는 살인범 21명과 정상인의 뇌를 양전자방출단층촬영(PET)으로 비교해 보았다. 그 결과 살인범에서 전두엽의 활성도가 현저히 떨어지는 것으로 나타났다. 이처럼 흉악범들은 전두엽의 기능에 이상이 있거나 활성도가 떨어지는 경우가 많다.

청소년들이 질풍노도의 시기를 보내는 것도 미성숙한 전두엽 탓이 크다. 12세 정도가 되면 뇌의 크기는 성인과 거의 비슷해진다. 그러나 뇌 기능까지 성인과 비슷해지는 것은 아니다. 뇌의 발달 속도가 부위에 따라 다르기 때문이다. 시각, 청각, 후각 등 감각을 처리하는 뇌 영역은 10세 전후에 성숙한다. 감정과 연관이 있는 속 뇌인 변연계도 그 즈음에 성숙한다. 그러나 이성을 다루는 전두엽은 가장 늦게 발달한다. 충동조절과 의사결정 같은 고차원적인 사고를 담당하는 전두엽은 10대 후반에 가서야 차츰 성숙한다. 그래서 청소년은 충동과 감정을 조절하고 상황을 판단해 행동을 제어하는 능력이 떨어질 수밖에 없다.

화를 참지 못하고 시도 때도 없이 분노를 표출하는 사람이 있다. 이들은 공격적 충동이 억제되지 않아 심각한 폭력이나 파괴적인 행동이 반복적으로 나타난다. 이를 '간헐적 폭발 장애 (intermittent explosive disorder)', 이른바 분노 조절 장애라고 한다. 이 병 역시 전두엽 기능 이상이 원인일 가능성이 높다. 실제로 간헐적 폭발 장애 환자들을 조사한 결과, 전두엽의 활성도가 떨어져 있는 것으로 나타났다. 충동적인 공격적 행동을 많이 보이는 사람일수록 전두엽 활성이 낮다는 연구 결과도 있다. 건강한 사람을 대상으로 한 실험에서도 공격성을 억제하지 않은 상황에서 전두엽의 활성이 떨어지는 것으로 나타났다.

화가 나거나 짜증이 나거나 열을 받으면 변연계가 달아오른다. 이때 소방수 역할을 하는 게 전두엽이다. 전두엽에 이상이 생겨 변연계의 감정 반응을 조절하지 못하면 분노가 폭발해 공격적인 행동으로 이어진다. 전두엽 기능 이상은 공격적인 행동이나 폭력의 뿌리가 될 수 있다.

02

공정하지 않으면
분노한다

공정함에 대한 요구는 본능이다

불멸의 음악을 만들어 세계적인 작곡가가 되는 것이 꿈이었던 살리에리(머레이 에브람 분). 16세가 되자 살리에리는 자신의 소망을 이루기 위해 신에게 제안을 한다.

"신이시여 이름을 떨칠 수 있는 작곡가로 만들어 주십시오! 그러면 저는 주변 사람들에게 행복을 전할 뿐 아니라 밤낮으로 당신을 찬양하겠나이다!"

놀랍게도 다음날 한 친척이 나타나 살리에리를 빈으로 데려가 음악수업을 받게 해 준다. 살리에리는 이를 신이 자신의 제안을 받아들인 표시라고 믿는다. 음악을 위해 사랑도 포기한 채 금욕적인 생활을 하면서 피나는 노력을 한 살리에리는 마침내 궁정음악

가에까지 오른다. 의심의 여지없이 신은 계약을 잘 지키고 있었다. 자신보다 여섯 살 어린 모차르트(톰 헐스 분)를 만나기 전까진.

모차르트의 재능에 살리에리는 엄청난 감동을 받지만 동시에 고통스러워한다. 모차르트에 비하면 자신이 갖고 있는 재능은 보잘 것 없었기 때문이다. 신이 선택한 작곡가가 그가 아닌 모차르트라는 사실을 깨달은 살리에리는 엄청난 분노에 신과의 계약을 파기한다. 신이 공정하지 않다고 느꼈기 때문이다.

살리에리는 신이 선택한 모차르트를 파괴함으로써 신을 향한 복수에 나선다. 검은 망토를 입은 채 모차르트 앞에 나타나 심약한 그를 신경쇠약에 빠뜨린다. 모차르트는 정신적으로 황폐해지다가 숨을 거둔다. 살리에리의 분노가 천재 작곡가를 피폐하게 만든 것이다.

모차르트의 일생을 그린 영화 「아마데우스」는 모차르트의 천재성보다 평범한 살리에리가 더 인상적이다. 상대가 정당하지 못한 방법으로 소유물을 차지했다고 생각할 때 분노는 더 커진다. 바로 공정하지 못하다는 생각에서다.

"저 친구가 공부를 잘하는 것은 머리가 좋거나 노력을 많이 해서가 아니야. 다 부모 잘 만나서지. 몇 백만 원짜리 과외를 받는데 그 정도 성적이 안 나오겠어? 나도 부모만 잘 만났으면 저 정도는 식은 죽 먹기인데."

세상이 공정하지 못하다는 생각은 분노를 일으키고 공격성으로 나타난다.

유명한 심리실험 중 '최후통첩 게임'이란 게 있다. 연구자가 피실험자 한 명에게 10만 원을 준다. 그리곤 전혀 낯선 사람 옆에 데려가 이렇게 조건을 내건다.

"지금 드린 돈을 저 분과 나눠 가지십시오. 얼마를 줄 것인지는 당신이 결정합니다. 상대가 당신이 내건 조건을 받아들이면 그렇게 나눠 가지면 됩니다. 하지만 상대방이 거부하면 두 분 모두 한 푼도 받지 못합니다."

이 상황에서 배분권을 가진 사람은 돈을 깔끔하게 절반씩 나눌 수도 있고 탐욕스럽게 자신이 다 가질 수도 있다. 실험 결과를 보면 사람들은 평균 4만 원을 상대방에게 주었다. 너무 적은 돈을 주면 상대가 기분이 나빠 거부권을 행사할지도 모른다는 생각에서였다. 실제로 돈을 주는 사람은 평균 4만 원을 나눠 준 반면, 돈을 받는 사람은 평균 2만 5천 원 미만이 되면 받기를 거절했다. 하지만 합리적으로 생각하면 상대가 얼마를 나눠주든지 무조건 받는 것이 이득이다. 천 원 아니 백 원을 받는다 해도 이득이니만큼 거절할 이유가 없는 것이다. 그런데 사람들은 그렇게 하지 않았다. 어떤 문화권에서든 피실험자들은 본인이 생각하기에 상당한 정도의 공정한 배분이 이뤄지지 않으면 거침없이 거부권을 행사했다. 최소한 7대3 정도가 되지 않으면 차라리 둘 다 빈털터리로 돌아가는 게 낫다고 생각한 것이다.

왜 이런 일이 일어나는 걸까? 인간이 물질적인 이득만을 챙기는 게 아니라 공정함을 요구하기 때문이다. 내가 부당한 대접을 받으면 화가 난다는 것을 알고 있기에 상대에게도 가급적 부당하지 않게 대하려는 것이다. 배분권을 가진 사람은 단순히 운이 좋았을 뿐 훨씬 더 많은 돈을 가져갈 마땅한 이유가 없다. 사람들은 자신의 이익을 포기하고서라도 공정성을 해치는 것에 대해 분노한다.

흥미롭게도 인간뿐만 아니라 원숭이도 공정함을 요구한다. 미국 조지아 주립대학교의 사라 브로스넌(Sarah Brosnan) 교수팀은 한 무리의 흰목꼬리감기원숭이가 태어나자마자 일체의 학습을 차단한 채 우리에 가둬 사육했다. 원숭이들을 두 집단으로 나눠 조약돌을 준 다음 원숭이들이 사람에게 이 조약돌을 건넬 때마다 그에 대한 보상으로 음식을 제공했다. 조약돌을 오이로 교환하도록 훈련을 시킨 것이다. 그러자 원숭이의 95%가 조약돌을 오이로 교환해갔다. 그러나 규칙을 바꾸자 문제가 생겼다. 한쪽 집단에는 오이를, 다른 쪽 집단에는 잘 익은 포도를 제공하자 오이를 받은 원숭이 중에서 먹이를 내동댕이치면서 저항하는 녀석들이 나타났다. 원숭이의 40%는 더 이상 교환을 하지 않았다. 이번엔 한쪽 집단에게 아무 대가 없이 포도를 줬다. 상황은 더 나빠졌다. 다른 쪽 집단에선 단지 20%만이 교환에 응했고 원숭이들이 조약돌을 던져 버리는 등 분노를 표현했다. 상황을 바꿔 여러 방식의 실험을 해 본 결과, 욕심이나 좌절 등 다른 요인이 아닌 차별적 처우에 대한 불만이 이 같은 행동을 야기한다는 것이 확인됐다. 원숭이도 공정하지 못한 것에 대해 분노하는 것이다. 이처럼 공정함에 대한 요구는 인간을 비롯해 인지적으로 고등한 동물의 본성에 깊이 새겨져 있다. 공정성에 대한 요구는 태어난 뒤 학습되는 게 아니라 진화 과정에서 발달한 본능으로 보인다.

뇌는 불공정을 싫어한다

이서연 씨는 입사 3년차 카피라이터다. 대학에 다닐 때부터 여러 공모전에 입상했고 입사해서는 동기들 사이에서 두각을 나타냈다. 감각이 뛰어나다는 평가를 받으면서 그녀의 카피는 항상 최종 후보에 들어가곤 했다. 아쉽게도 번번이 최종 선정에서 떨어지곤 했지만, 그녀는 실망하지 않고 더 이를 악물었다.

그녀의 팀에 새로운 프로젝트가 주어졌다. 출시를 앞둔 새로운 두통약 TV 광고를 만드는 일이었다. 오랜만에 나오는 두통약이다 보니 제약회사가 거는 기대가 워낙 커 상당히 부담스러웠다. 게다가 시한이 촉박해 정해진 시간 내에 광고의 콘셉트를 정하고 콘티를 짜내기도 벅찼다. 서연 씨 팀은 몇 날 며칠 밤을 새워 가며 아이디어를 모았다. 콘티까지는 완성이 됐지만, 문제는 메인 카피였다. 카피가 나오지 않아 팀에는 비상이 걸렸다. 눈코 뜰 새

없이 바쁜 와중에도 서연 씨는 쉬지 않고 카피를 짜 냈다. 셀 수 없을 정도로 카피를 고쳐 쓴 끝에 카피가 완성됐다. 이번에도 서연 씨의 카피는 최종후보에 들어갔다. 마침내 열심히 노력한 대가가 있었다. 서연 씨의 카피가 메인카피로 최종 선정된 것이다.

드디어 광고주에게 프레젠테이션을 하는 날이 왔다. 서연 씨 팀이 모두 참석한 가운데 팀장이 직접 프레젠테이션을 했다.

"걱정 많이 했는데 광고가 참 마음에 듭니다. 콘셉트도 좋고요. 고생 많았습니다. 이대로 진행하면 되겠습니다."

광고주는 의외로 흡족해했다. 고생한 만큼 보람이 있다더니 팀원들의 입가에 미소가 번졌다. 그러나 기쁨도 잠시, 서연 씨는 충격적인 장면을 목격했다.

"그런데, 그 메인카피 참 마음에 드는데요. 가슴에 확 와 닿습니다. 어떻게 저런 말을 생각해내신 건가요?"

"아 그거요? 어느 날 공원을 거니는데 제가 좋아하는 시구가 떠오르더군요. 그 시에서 영감을 얻었습니다."

서연 씨는 자신의 귀를 의심했다. 팀장이 마치 자신이 메인카피를 만든 것처럼 얘기하고 있었던 것이다.

"네 대단하시군요. 스타 카피라이터라는 칭찬이 자자하더니 이번에도 한 건 하셨군요."

서연 씨는 충격을 받은 나머지 머릿속이 하얘졌다. 회의실을 나가는 팀장을 붙잡고 간신히 떨리는 목소리로 물었다.

"팀장님. 아까 왜 메인카피를?"

"아 아까 그거. 신경 쓰지 마. 광고주들은 상당히 권위적이거든. 서연 씨가 메인카피를 만들었다고 하면 무시할까 봐 내가 했다고 했어. 그래야 그 가치를 인정해 주지. 그래서 그런 거니까. 알겠지?"

서연 씨는 억울하고 분통이 터졌지만 아무 말도 하지 못했다. 막상 용기가 없어 팀장에게 따지거나 대들지 못했다. '내 업무 성과를 이렇게 아무런 보상 없이 가로채다니. 아랫사람이라고 날 무시하는 건가?' 팀장에 대한 분노는 나날이 쌓여 갔다. 그날 이후 서연 씨는 잠을 이루지 못했다. 팀장에게 앙갚음을 하는 상상을 하면서 지새우는 날이 늘어갔다.

스위스 심리학자 쉐러(Scherer)와 독일 심리학자 월보트(Wallbott)는 37개국 대학생 2921명을 대상으로 어떤 상황에서 분노를 가장 많이 느끼는지를 조사했다. 조사 결과 주된 원인은 '고의적으로 유발된 불쾌하고 공정하지 못한 상황'이었다. 자신이 공정하게 대접받지 못한다는 느낌이 분노를 부르는 가장 큰 원인인 셈이다. 직장 상사가 자신의 업무성과를 가로채거나 제대로 평가해 주지 않을 때 화가 난다. 동료와 비교했을 때 업무에 대한 보상이 적을 경우에도 분노가 치민다. 그것이 고의적이었다는 느낌이 들면 분노는 더욱 커진다.

호주 심리학자 피트니스(Fitness)는 직장인 175명을 대상으로 직장에서 화가 나는 상황을 조사했다. 그 결과 가장 많은 원인은 부당하게 대우받는 경우로 44%를 차지했다. 잘못한 것이 없는데 지적을 받거나 동료에 비해 과중한 업무에 시달리는 등 불공정한 대우를 받는 경우다. 이어 거짓말이나 업무 태만, 성희롱 등 부도덕한 행동을 목격한 경우가 23%로 뒤를 이었다. 자신의 일이 제대로 진행되지 않거나 존중받지 못할 때, 공개적으로 모욕을 당할 때도 화가 났다. 이처럼 직장에서 화가 나는 원인의 대부분은 자신이 제대로 대접을 받지 못하는 상황, 즉 공정하지 못한 대우를 받을 때다.

최근 뇌 영상 연구를 통해 우리 뇌가 불공정한 처사에 매우 민감하다는 사실이 확인됐다. 뇌에서 고통이나 혐오감과 연관된 부위가 전측대상피질과 뇌섬엽이다. 다른 사람의 고통을 목격하면 이 부위가 활성화되면서 우리는 아픔을 느낀다. 그래서 이 부위를 '달라이라마 뉴런'이라고도 한다. 그러나 불공정하고 이기적인 사람의 고통을 목격했을 땐 이 부위에 활성이 나타나지 않았다. 뇌의 공감 회로가 작동하지 않은 것이다. 뇌는 여기서 멈추지 않았다. 놀랍게도 쾌감을 부르는 뇌의 보상회로에 불이 들어왔다. 공정하지 못하다고 생각하는 대상에게 불행한 일이 생겼을 때 뇌의 보상부위가 밝아진 것이다. 다른 사람의 고통을 보고 쾌감을 느낄 정도로 우리 뇌는 놀라운 양면성을 갖고 있다. 공정한 사람의 고통을 볼 땐 공감 회로에 불이 들어오는 반면 불공정한 사람의 고통을 목격할 땐 공감 회로가 멈춘다. 오히려 보상 회로가 작동해 쾌감을 느끼게 해 준다. 우리 뇌가 공정하지 못한 처사를 얼마나 싫어하는지 알 수 있다.

03

사랑받지 못하면
분노한다

사랑과 인정은 인간의 기본 욕구다

이윤지 과장은 승진을 하고부터 고민이 많아졌다. 상사인 김 팀장이 자꾸 부담을 주기 때문이다. 팀장은 이제 과장이 됐으니 팀 내의 업무를 꿰고 있어야 한다면서 더 열심히 일할 것을 요구했다.

그러던 중 팀으로 전화가 한 통 왔다. 사회공헌 관련 문의 전화였다. 평소 같으면 사회공헌 업무를 맡고 있는 박 대리에게 바로 통화를 연결했을 것이다. 하지만 중간 관리자의 역할을 잘하라는 팀장의 주문도 있고 해서 10분 정도 전화 응대를 했다. 통화를 마치고 팀장에게 통화 내용을 얘기하려고 정리하고 있는데 갑자기 박 대리가 소리를 질렀다.

"과장님, 지금 뭐하시는 거예요? 지금 뭐 하시는 거냐고요? 그건 제 업무잖아요."

박 대리는 깔끔한 업무 처리로 평소 팀장에게 신임을 얻고 있었다. 후배이지만 능력이 탁월해 항상 비교되는 것 같아 이 과장은 신경이 쓰였다.

"박 대리, 이게 박 대리 업무인건 알지만, 내가 과장이잖아. 내가 알긴 해야 할 것 아냐?"

이 과장은 울컥하는 걸 참고 조심스럽게 설명을 했다.

"아니 그걸 왜 과장님이 하시냐고요?"

박 대리는 펜을 책상 위에 집어 던지더니 의자에 앉아 식식거렸다. 이 과장은 귀까지 빨개질 정도로 화가 났다. 팀장을 쳐다봤지만, 팀장은 아무 말도 하지 않고 잠자코 있었다. 마치 박 대리를 편드는 듯했다.

더 화가 나는 건 팀장의 태도였다. 팀장은 이 과장을 커피숍으로 조용히 부르더니 말을 꺼냈다.

"이 과장, 왜 남의 밥그릇을 탐내? 그것도 후배 것을. 좀 추해 보이는 거 아냐?"

후배 업무를 가로챌 생각은 전혀 없었다. 이윤지 과장은 눈물이 쏟아질 것 같았다.

"팀장님 그게 무슨 말씀이에요. 전 그저 과장으로서 업무조정을 하려고 했던 거예요"

"그게 그거잖아. 박 대리가 잘하고 있는데, 도와주지는 못할망정 왜 그 업무를 빼앗으려고 해?"

팀장은 이 과장의 입장에 대해선 전혀 들을 생각이 없는 듯 보였다. 이 과장은 후배의 업무를 빼앗으려고 하는 파렴치한 선배가 되어 있었다. 이 과장은 모욕감에 가슴이 뛰고 손발이 떨렸다. 10년이나 같은 사무실에 근무했던 팀장이 박 대리 편만 들다니 배신감을 넘어 분노가 치밀어 올랐다. 얼굴이 벌겋게 달아오르고 심장이 터질 것 같았다. 도대체 왜 나를 미워하고 후배 편만 드는 거냐고 따지고 싶었지만, 입안에서만 맴돌 뿐 차마 입술이 떨어지지 않았다. 사무실이 떠나가도록 팀장에게 욕을 퍼붓고 회사를 때려치우고 싶었지만 그건 마음뿐이었다. 이 과장은 아예 마음의 문을 닫아 자물쇠를 채우기로 했다.

'이제 팀장하고는 끝이다. 두고 보라지, 어떤 일이 있어도 용서하지 않겠어. 팀장, 후회하는 날이 반드시 올 거야.'

이윤지 과장은 굳게 다짐했다.

감정이 상하는 가장 큰 이유는 나를 알아주지 않아서다. 나의 노력이나 장점을 상대방이 알아주지 않을 때 우린 화가 난다. 애정과 관심은 자신감과 함께 살아 갈 힘을 준다. 모든 대화에는 "나를 알아주세요."라는 메시지가 깔려 있다. 우린 각자 "나를 알아주세요."라고 외치고 있는 것이다. 그 외침이 허공으로 흩어질 때 아무리 많은 대화를 나누어도 마음이 허전하다. 애정과 인정을 받고자 하는 욕구가 채워지지 않기 때문이다.

사랑과 인정을 받으려는 것은 인간의 기본적인 욕구다. 배부르고 등 따습고 생존에 위협이 없다면 누구나 애정과 인정을 갈구한다. 어린 시절 우린 부모의 보호와 사랑 속에서 성장했다. 충분한 사랑을 받지 못하면 자아가 건강하게 자라지 못한다. 개별화된 성인으로 독립하지 못하는 것이다. 이런 사람은 자아정체성이 불안정하기 때문에 공허함에 시달리고 자신감이 떨어지고 사랑에 집착한다.

어린 시절에 충분한 사랑을 받았다고 해도 우리가 원했던 만큼은 아니다. 부모가 아이의 욕구를 모두 만족시킬 순 없기 때문에 누구나 좌절의 경험은 갖고 있다. 적당히 좌절을 해야 자아 기능이 성장해 부모로부터 독립할 수 있다. 그러나 애정 욕구가 충분히 채워지지 않았을 경우 어른이 돼서도 사랑을 갈구하게 되고 이런 모습이 자꾸 다른 사람과의 관계에서 재현된다.

사랑받지 못하면 분노가 치민다. 집단에 소속되지 못하고 주위에서 거부당하는 사람은 공격적이 되기 쉽다. 길거리에서 칼을 휘두르는 식의 묻지 마 범죄자의 상당수가 고립된 사람들이다. 사회적 소외는 물질적으로 풍요롭고 생명을 위협하는 게 거의 사라진 현대 사회에서 폭력이 그치지 않는 이유이기도 하다. 공격성이 굳이 생존을 위한 것만은 아니기 때문이다.

초기 인류는 아프리카 숲을 떠나 초원으로 나왔다. 먹을 것이 부족해서 그랬을 것이다. 우리 조상은 용감하게 숲을 뛰쳐나왔지만, 날카로운 이빨과 빠른 발을 갖추지 못해 포식자의 먹잇감이 되기 쉬웠다. 멸종될 위험이 높았던 것이다. 생존을 위한 진화 경쟁에서 우리 조상은 다른 동물과는 전혀 다른 전략을 택했다. 바로 집단을 이뤄 협력을 하면서 생존하는 방식이다.

초원에서는 눈에 띄기 쉬운 만큼 개체 수가 많을수록 안전하다. 무리지어 살아야 맹수의 공격에 효과적으로 대처할 수 있다. 포식자의 공격을 막아내기 위해선 상호협력이 필수적이었다. 그래서 인간은 뇌를 발달시켰고 큰 뇌를 지탱하기 위해 직립보행을 택했다. 협력은 공격을 위해서가 아니라 자신을 보호하기 위해 필요했다. 초기 인류가 협력한 결정적인 요인은 연약했기 때문이었다. 우리는 연약한 몸집의 특징을 살려 집단으로 협력하면서 지혜와 궁리로 살아남은 조상의 후예다.

초기 인류는 집단을 이뤄 사냥을 하고 포식자의 위협에 대처하면서 진화했다. 집단에서 배척된 사람은 초원을 헤매다가 맹수의 먹잇감이 됐을 것이다. 생존을 위해서는 반드시 무리에 남아 있어야 했던 것이다. 사회적 소외가 생존을 위협했던 만큼 다른 사람의 인정과 사랑을 받으려는 욕구는 우리 유전자에 아로새겨졌다. 원초적인 욕구가 된 것이다. 그래서 사랑받지 못하면 분노가 폭발한다.

사랑과 지지를 받지 못하면 마음에 구멍이 생긴다

데이빗 핀처 감독의 영화 「나를 찾아줘」는 어느 날 갑자기 사라진 아내와 실종된 아내를 살해한 혐의를 받는 남편의 이야기다. 닉(벤 애플릭 분)과 에이미(로자먼드 파이크 분)는 모두가 부러워하는 삶을 살아가는 완벽한 커플이다. 그런데 결혼 5주년을 맞은 날 아침, 에이미가 흔적도 없이 사라진다. 에이미는 유명한 동화 시리즈였던 『어메이징 에이미』의 실제 주인공이다. 그런 유명인사가 갑자기 사라지자 세상은 그녀의 실종사건으로 떠들썩해진다.

에이미가 결혼기념일 선물로 숨겨 뒀던 편지와 일기장 등이 발견되면서 남편 닉은 아내를 살해한 유력한 용의자가 된다. 외도 사실이 밝혀지는 등 닉이 점점 궁지에 몰리는 사이 영화는 반전을 맞는다. 이 모든 것이 아내 에이미의 철저한 복수극이었던 것이다. 닉이 자신에게서 점점 멀어져 가는 것을 느낀 에이미는 분노에 휩싸인다. 활활 타오르는 분노의 불길이 남편 닉을 덮친다. 에이미는 닉을 살인자로 모는 것도 모자라 사형선고를 받게 하려고 치밀하게 일을 꾸민다.

에이미는 왜 이리 분노했을까? 베스트셀러 동화책 『어메이징 에이미』의 작가는 에이미의 어머니다. 책 속 에이미는 현실 속 에이미가 전혀 이루지 못한 일들을 해낸다. 항상 실제 에이미를 앞서 간다. 어머니는 실제 에이미에게 쏟아야 할 애정을 책 속 에이미에게 모두 쏟은 듯하다. 현실 속 에이미는 어린 시절에 어머니에게서 받아야 할 인정과 사랑을 책 속 에이미에게 모두 빼앗긴 것처럼 보인다.

에이미를 찾기 위해 준비한 기자회견에서 어머니는 딸이 납치를 당했는데도 오열하거나 불안해하는 모습이 전혀 없다. 차분하게 쪽지를 꺼내 미리 준비한 원고를 읽는다.

"어메이징 에이미를 찾아 주세요. 어메이징 에이미닷컴으로 들어와 도와주세요."

자신의 딸을 찾아 달라고 호소하기보다 마치 책을 홍보하는 듯하다.

잃어버린 어머니의 사랑을 되찾기 위해 에이미는 현실 속에서 어메이징 에이미가 되어야 했다. 사랑받기 위해 다이어트를 하고 다정다감한 애인이 되고 헌신적인 아내 역할을 하는 등 고군분투했다. 하지만 어메이징 에이미로 맞춰 사는 건 쉽지 않았다. 에이미는 애정 욕구가 좌절될 때마다 분노에 휩싸여 자신도 모르는 새 괴물이 되었다.

뇌 과학은 사랑받고자 하는 욕망이 우리의 기본 욕구임을 보여준다. 미국 캘리포니아 주립대학교의 나오미 아이젠버거(Naomi Eisenberger) 교수팀은 따돌림을 당할 때 뇌가 신체적 통증을 느낄 때와 같은 반응을 보인다는 사실을 밝혀냈다.

연구팀은 3명의 대학생들에게 공을 패스하는 컴퓨터 게임을 하게 하면서 한 명이 완전히 소외되도록 프로그램을 짰다. 그리고 게임을 하면서 뇌 반응을 기능적 자기공명영상장치로 촬영했다. 그 결과 따돌림을 당한 사람은 뇌의 전측대상피질이 활성화됐다. 이 부위는 신체적 고통을 느낄 때 활성화되는 곳이다. 사회적 고통과 신체적 고통을 뇌가 전혀 구분하지 못한다는 얘기다. 칼로 베인 아픔과 거절당했을 때의 쓰라림이 뇌에서 같은 공간을 차지한다니 놀랍지 않은가? 슬픈 일을 겪을 때 "마음이 아프다."고 말하는 건 더 이상 은유적인 표현이 아니다. 사랑받지 못하면 칼로 베인 것처럼 심한 고통을 느낀다. 이런 고통은 위협으로 다가와 뇌에 비상경보를 울린다. 그러면 스트레스 호르몬이 다량 분출된다. 스트레스 호르몬은 우리 몸을 외부의 공격에 대비할 수 있도록 준전시 상태로 만들어 긴장감을 고조시킨다. 때문에 사소한 자극에도 분노가 폭발하는 등 공격적인 행동이 나타난다. 관계에 손상을 입은 사람은 신체에 상처를 입었을 때와 마찬가지로 공격성을 드러낸다.

오랜 세월 충분한 사랑과 지지를 받지 못하면 마음에 구멍이 생긴다. 자아는 이 구멍을 메우기 위해 바쁘게 움직인다. 허세를 부리거나 일시적인 위안에 집착함으로써 구멍을 메우려고 한다. 하지만 허세를 부리거나 애정에 집착할수록 다른 사람들과의 관계는 더 멀어진다. 애정과 공감을 받을 수 있는 자원이 사라지는 것이다. 그럴수록 애정 욕구는 좌절되고 분노가 쌓인다. 사소한 일에 짜증이 나고 공격적인 행동이 나타나기 쉽다.

　내 마음의 구멍을 다른 사람이 메워 줄 수는 없다. 자신이 잘하는 것을 생각하고 장점을 찾아내 스스로 다독여야 한다. 다른 사람이 알아주지 않는다고 섭섭해하기보다는 자신의 마음을 찬찬히 살펴보는 것이 중요하다. 과도한 기대를 갖고 있는 것은 아닌지 혹은 내가 원하는 게 진정 무엇인지를 말이다.

04
모욕과 비판을 받으면 분노한다

공개적 비판은 사회적 자아를 위협한다

그날은 김민준 과장에게 인생 최악의 날이었다.

"지금 날 무시하는 거야? 왜 제대로 보고도 안 하고 김 과장 마음대로 일을 처리하는 거지?"

팀장은 다짜고짜 화부터 냈다.

"지난주에 말씀드렸는데요. 팀장님께서 보강하라는 부분 수정해서 실무부서에 넘긴다고. 전 아무 말씀이 없기에 오케이 하신 줄 알고 바로 넘겼습니다."

"뭐야? 왜 그걸 김 과장 마음대로 넘겨? 나한테 수정된 걸 보여 주고 내 오케이가 떨어진 다음에 넘겼어야지. 자네가 팀장이야? 왜 일을 이 따위로 처리해?"

노발대발하는 팀장 앞에서 김 과장은 변명조차 하지 못한 채 어쩔 줄 몰랐다. 얼마 전 헤드헌터의 소개로 대기업에서 스카우트되어 왔다는 팀장. 사사건건 업무에 개입하면서 모든 걸 틀어쥐고 흔드는 성격이었다.

특히 김 과장에게는 더 심하게 대했다. 김 과장이 부서원들의 신임을 얻어 팀장 후보 1순위였다는 소문을 들은 뒤부터였다.

"김 과장, 일 잘한다고 소문만 났지 소문 값을 못하네? 겨우 이 정도야? 스스로 연봉 받는 만큼 일하고 있다고 생각해? 이 일이 재미없으면 다른 거라도 생각해 보든지."

김 과장은 분노로 손끝이 바르르 떨렸다. 공개적인 모욕을 서슴지 않는 팀장 앞에서 분통이 치밀어 올라 소리라도 질러보고 싶었지만, 정작 아무 말도 못했다.

'회사를 관둬야 하나? 팀장은 계속 나를 괴롭힐 텐데 한번 지르고 나가 버릴까? 아냐, 변변한 기술도 없고 벌어 놓은 돈도 없는데 무작정 나가서 어떻게 하려고? 요새 취직하기가 얼마나 어려운데….'

자신의 처지를 생각하자 분노는 자괴감으로 이어졌다. 김 과장은 무거운 물건이 가슴을 짓누르듯 가슴이 답답했다. 그런 자신의 모습이 처연해 기분이 더 가라앉았다.

사람들이 지켜보는 가운데 평가를 받는 상황은 심한 스트레스를 준다. 공개적인 비판은 비판이라기보다 모욕이다. 모욕을 당하면 얼굴이 달아오르면서 분노가 치민다. 특히 표적이 되었는데도 달리 어찌할 수 없는 무기력한 상황이라면 스트레스는 극에 달한다. 부서원들이 모두 있는 자리에서 부장이 큰 소리로 혼을 내는 경우가 그렇다. 곁에서 지켜보지만 않는다면 비판을 받아도 금세 털어 버릴 수 있다. 하지만 누군가가 자신을 낱낱이 평가하는 상황에선 비판이 모욕으로 변한다. 분노가 끓어오르고 가슴에 응어리가 진다.

무언가에 대해 평가받는 상황은 '사회적 자아'를 위협한다. 사회적 자아란 다른 사람의 눈을 통해 본 자신의 위치다. 달리 말해 평판이라고 할 수 있다. 다른 사람들과 관계를 맺으면서 살아갈 수밖에 없는 인간에게 사회적 자아는 매우 중요하다. 사회적 자아가 위협을 당하면 다른 사람에게 존중받지 못할지도 모른다는 두려움에 휩싸인다. 사랑받지 못하고 인정받지 못한다는 불안감이 엄습한다. 뭔가 부정적인 평가를 받는다면 완전히 거부당하는 것처럼 느낄 수도 있다. 이때 우리의 생존이 직접적으로 위협받을 때와 거의 대등한 반응이 나타난다. 공격적인 행동, 즉 분노가 표출되는 것이다.

모욕은 상대방을 적으로 만든다

그날도 팀장은 고래고래 소리를 질렀다. 모든 팀원이 보는 앞에서 말이다. 이렇게 공개적으로 모욕을 당할 때면 정말 쥐구멍이라도 찾아 숨고 싶은 심정이다. 가슴에는 분노가 펄펄 끓어오르지만 맞대응을 하다간 더 당할지도 모른다. 분한 마음에 자괴감이 섞여 눈물이 펑펑 쏟아진다. 화장실에 가 실컷 울어 보지만, 가슴 한 구석에 쌓인 응어리는 좀처럼 풀리질 않는다.

홍보팀에 근무하는 김연미 과장은 입사 12년 차다. 기획이나 서류 작업은 좀 달리지만, 기자들과의 관계가 좋아 조직에선 나름 베테랑으로 통한다. 홍보팀에는 팀장을 포함해 4명이 근무한다. 아침 회의를 마치고 나서 김 과장은 팀장에게 기획안을 올렸다. 회사 내 의사소통을 활성화하자는 취지에서 사내 기자단을 꾸리는 기획안이었다.

"김 과장, 이 거 확인해 봤어?"

팀장이 대뜸 물었다.

"아 그거요? 다시 한 번 확인해 보겠습니다"

"아 그거?"

"사실은 기획팀에 확인해 보려고 했는데, 전에 이 프로젝트를 맡았던 직원이 이미 다 확인한 사항이라고 해서 제가 다시 알아보진 않았습니다."

"야 그놈의 사실은, 사실은, 그 말 좀 하지 마."

팀장은 팀원이 모두 있는 자리에서 사무실이 떠나가라 소리를 질렀다.

"넌 항상 일이 이런 식이야. 뭐 하나 제대로 알아보지도 않고. 물어보면 사실은 이랬다고. 너한테만 뭘 시키면 빠뜨리고 실수하고. 애들 앞에서 쪽팔리지도 않니? 과장이나 돼서 이러니 내가 널 뭘 믿고 맡기겠니?"

그러면서 팀장은 김 과장 바로 밑에 있는 이 대리를 불렀다.

"이 대리, 이거 그냥 이 대리가 다시 해. 김 과장이 일을 이 따위로 하니 이 대리가 좀 수고해 줘야겠어"

확인을 하지 않은 것은 잘못이지만, 이런 실수 하나를 갖고 아래 직원이 다 있는 자리에서 공개적으로 모욕을 주다니. 팀장에 대한 분노 때문에 김 과장은 얼굴이 벌겋게 달아올랐다. 심장이 벌렁대고 숨이 가빠올 정도로 가슴이 답답했다. 심한 모멸감 때문에 팀장 앞에선 아무 말을 못했지만, 떨리는 가슴은 좀처럼 진정되지 않았다. 시간이 흐르자 머리가 깨질 듯 아파 왔다.

모욕은 맹독성을 갖고 있다. 인간의 뇌는 우연히 일어난 일과 의도적인 사건을 확연히 구분한다. 악의가 있다고 판단되면 뇌는 훨씬 강력하게 반응한다. 운전을 하다가 짜증스러운 자동차 경적 소리에 스트레스를 받았다면 스트레스 호르몬 수치 상승은 40분 정도 지속된다. 그러나 끼어들기를 했다가 뒤에 있는 운전자가 헤드라이트를 켜고 경적을 울려 댄다면 스트레스 호르몬이 더 많이 더 오래 분비된다. 다른 사람의 비판이 스트레스가 될 경우 스트레스 호르몬은 1시간 이상 분비된다.

모욕과 비판은 신체 건강에도 나쁜 영향을 미친다. 상사에게 필요 이상으로 비판을 받는다고 느끼는 직장인의 경우 심혈관질환 발생 위험이 30% 증가했다. 간호사를 대상으로 조사한 결과, 병동 수간호사가 비판적이면서 무서울 경우 수간호사를 대할 때 혈압이 10% 이상 상승하는 것으로 나타났다. 직장 내 하위직은 고위직에 비해 심혈관질환 발생 위험이 4배나 높다는 연구 결과도 있다.

고골의 단편소설 「외투」는 모욕의 맹독성을 잘 보여 준다. 주인공 '아까끼 아까끼예비치'는 서류를 정서하는 일을 하는 가난한 말단 관리다. 어느 겨울, 오래 입은 외투가 다 해져서 큰마음을 먹고 새 외투를 장만한다. 하지만 바로 다음날 노상강도를 만나 외투를 빼앗긴다. 너무 비싼 탓에 밥까지 굶어 가며 돈을 모아 겨우 마련한 외투를 말이다. 아까끼는 외투를 되찾으려고 필사적으로 경찰서장과 관리를 찾아가지만 멸시만 받는다. 아까끼의 사정을 들은 관리는 절박한 사정을 이야기하려는 아까끼의 말을 끊으면서 이렇게 다그친다.

"뭐, 뭐, 뭐라고? 어디서 그따위 사고방식을 집어넣었지? …

자네 앞에 있는 분이 누군지 알고 있나? 알고 있겠지? 알고 있겠지? 내가 자네에게 묻고 있잖아."

어찌나 심하게 호통을 치는지 아까끼는 넋이 나간 사람처럼 비틀거리며 그곳을 빠져나온다. 그는 눈보라 속을 헤치며 겨우 집에 왔지만, 후두염에 걸려 고열에 시달리며 시름시름 앓다가 숨을 거둔다.

인간이 느끼는 가장 강렬한 감정이 모욕감이라는 연구 결과도 있다. 네덜란드 암스테르담 대학교의 마르테 오텐(Marte Otten)과 카이 요나스(Kai Jonas) 교수팀이 모욕감을 유발한 상황에 대한 뇌 반응을 측정했다. 연구진은 먼저 피험자들을 세 그룹으로 나눠 각각 다른 이야기를 읽게 한 뒤 그 상황을 상상하게 했다.

각각의 상황은 이렇다. '룸메이트가 당신이 없는 사이 방에서 파티를 열어 방을 난장판으로 만들어 놓았다.', '당신이 매력을 느끼는 상대방이 당신을 좋아한다.', '인터넷으로 데이트를 하던 상대를 처음 만났는데 당신을 힐끗 쳐다보더니 그냥 뒤돌아 가 버렸다.' 각각 화가 나게 하거나 행복감 또는 모욕감을 느끼게 하는 상황이다.

연구진은 뇌파를 통해 세 군이 느끼는 부정적 감정과 그 감정이 얼마나 강한지를 측정했다. 그 결과 모욕감이 분노보다 더 부정적으로 느껴졌고, 행복감보다 더 강렬한 것으로 나타났다. 화가 나는 상황보다 모욕이 부정적 감정을 처리하는 뇌를 더 활성화시켰다. 또 여타 다른 감정을 유발하는 자극보다 훨씬 더 뇌를 자극했다. 그만큼 뇌는 모욕을 싫어하는 것이다.

모욕을 당한 사람은 마음에 상처를 받을 뿐만 아니라 뇌가 과민하게 반응하기 때문에 분노하기 마련이다. 물론 모욕에 대한 민감도를 키우는 건 낮은 자존감이다. 때론 모욕에 대해 둔감할 필요가 있는 이유다. 하지만 모욕감은 인간이 느끼는 어떤 감정보다 강렬하기 때문에 이로 인한 분노의 기세는 꺾기가 힘들다. 다른 사람을 모욕하면 그와의 관계는 무너진다. 모욕은 상대방을 적으로 만드는 가장 쉬운 방법이다.

제3장

분노의
조종자,
내면 아이'

01
열등감과 피해의식에서 벗어나라

자신을 향한 분노를 상대방에게 투사하지 마라

조선시대 왕실의 화려한 의상 향연이 펼쳐진 영화 「상의원」은 인간의 마음속 깊은 곳에 자리 잡은 열등감의 민낯을 보여 준다. 영화는 조선시대 의상을 씨줄 삼고, 인간의 마음속에 도사린 비루함을 날줄 삼아 이야기를 전개한다.

상의원(尙衣院)은 조선시대 왕실의 의복을 만드는 일을 맡던 관청이다. 조돌석(한석규 분)은 30년 동안 왕실 옷을 만들어 온 만인에게 인정받는 어침장(御針匠)이다. 그는 6개월 뒤면 꿈에 그리던 양반이 된다. 어느 날 왕의 법복을 손보던 왕비(박신혜 분)와 시종들이 실수로 법복을 불에 태운다. 다급해진 왕비는 궐 밖에서 옷 잘 짓기로 소문난 이공진(고수 분)을 불러 왕의 법복을 만들게 한다. 놀랍게도 그는 하루 만에 완벽하게 왕의 옷을 지어 올린다. 어느 날 나타난 의복 장인 이공진으로 인해 조돌석은 자부심에 상처를 입는다. 조돌석은 이공진을 기생 옷이나 만들던 놈이라고 무시하지만, 가슴속 깊은 곳에 똬리 틀고 있던 열등감과 질투심이 스멀스멀 기어 나온다.

질투심에 눈이 먼 조돌석의 음모로 이공진은 누명을 쓰고 감옥에 갇힌다. 조돌석은 이공진의 빼어난 재능이 아까워 그를 찾는다.

"너의 그 오만함, 그 오만한 옷들이 우리를 이렇게 만들었다."

하지만 돌아오는 대답은 그의 열등감을 더욱 부추긴다.

"저의 오만한 옷들이 아닌 어침장님의 두려움이 우리를 이렇게 만든 겁니다."

조돌석의 분노가 폭발한다.

"평생을 바느질 하나에 매진하며 살아왔다. 한데 네 놈이 죽을 힘을 다해 만들어 놓은 내 모든 것을 한순간에 망치려 했어."

이공진이 되묻는다.

"그래서 빼앗겼습니까?"

기실 빼앗긴 것은 없었다. 여전히 자신은 왕실의 어침장이었고 사람들의 존경을 받았다. 무너진 것은 30년 동안 지켜 왔던 최고의 장인이라는 자부심이었다. 자부심에 금이 가자 마음 속 깊은 곳에 있던 열등감이 기어올라 질투에 불을 붙였던 것이다.

왕(유연석 분)은 선왕이었던 죽은 형에 대한 열등감으로 늘 결핍감에 시달린다. 뒤늦게 중전에게 사랑을 느낀 왕은 이미 중전의 마음속에 이공진이 있다는 것을 알고 치밀어 오르는 질투를 느낀다. 권력을 가진 사람들이 품은 질투와 열등감은 극단적인 분노의 형태인 폭력으로 이어진다. 조돌석은 이공진이 만든 옷을 모두 불태워 없앤다. 왕은 이공진을 참수한다.

열등감은 분노로 모습을 바꿔 표출된다. 열등감이 심한 사람은 사소한 일에도 상처를 받는다. 열등감에 묶인 어두운 자아는 지뢰밭과 같다. 항상 자신이 무가치하다고 느끼기 때문에 그것이 의식적으로 확인되는 순간 분노에 휩싸인다. 열등감은 어린 시절의 결핍에서 비롯한다. 충분히 사랑받지 못하면 스스로 가치 있다고 느끼지 못한다. 충분한 공감과 배려, 칭찬과 인정이 있어야 자존감이 자란다. 사랑받지 못하면 사랑받을 자격이 없는 무가치한 사람으로 격하된다.

열등감에 시달리는 사람은 자꾸 자신의 모습을 부풀린다. 그러나 그럴수록 꿈꾸는 모습과 자신의 처지 사이의 간극은 커진다. 열등감이 더 심해질 수밖에 없다. 자신을 향한 분노는 상대방에게 투사된다. 자신의 부족한 모습에 대한 화가 상대방을 향하는 것이다. 자신을 견딜 수 없기에 이를 달랠 희생양이 필요하다. 투사는 열등감을 더는 데 매우 효과적인 방어기제다. 마음에 들지 않는 부분을 무의식적으로 다른 사람에게 던져 버리면 그 순간은 자신을 미워하지 않을 수 있다. 하지만 자신의 눈에 있는 대들보는 보지 못한 채 상대방 눈의 티끌만 찾는다면 영원히 열등감의 굴레에서 헤어날 길이 없다. 다른 사람을 향한 분노는 타인에게 투사한 자신의 못난 모습을 겨누고 있다. 때문에 그 화살은 언제든 자신을 향해 되돌아올 수 있다.

「아메리칸 싸이코」는 물질 만능의 삭막한 현대 사회에서 파편화된 개인의 일탈을 그린 영화다. 주인공은 허위와 위선으로 열등감을 감추려 하지만 고통스러운 내면은 좀처럼 가려지지 않는다. 패트릭 베이트만(크리스찬 베일 분)은 뉴욕 월스트리트 중심가에 위치한 금융회사의 CEO다. 그는 아버지 회사를 물려받아 별로 하는 일 없이 풍족하게 지낸다. 최고급 슈트와 액세서리로 치장하고 헬스와 스킨케어로 하루를 보내는 게 그의 일과다. 그는 아무나 예약할 수 없는 최고급 레스토랑에서의 저녁식사 여부, 걸치고 있는 옷과 안경 등의 브랜드로 상대의 가치를 매기는 속물이기도 하다.

어느 날 패트릭은 자신이 예약하지 못한 최고급 레스토랑의 단골 고객인 친구 폴에게 심한 열등감을 느낀다. 폴이 그 레스토랑 예약에 성공한 데다 자기 것보다 훨씬 고급스럽고 세련된 명함을 가졌기 때문이다. 적대감을 느낀 패트릭은 폴을 자신의 아파트로 불러 잔혹하게 살해한다.

하지만 주인공의 일상은 일탈과는 거리가 멀다. 오히려 스스로에 대해 철저한 편이다. 일어나자마자 운동으로 몸을 가꾸고 샤워를 할 땐 제품을 순서대로 사용하고 먹는 것도 과하지 않게 조절한다. 이런 습관은 어린 시절 부모로부터 받은 교육의 영향이었을 것이다. 부유층 부모는 어린 패트릭에게 최고만을 고집했을 것이고 이런 기대에 부응하지 못한 주인공은 열등감이 쌓여 갔을 것이다. 상류층 집안이 대개 그렇듯 부모가 충분한 애정과 관심을 주기 보단 작은 실수조차 용납하지 않는 감시의 눈길을 보냈을 가능성이 크다. 패트릭의 열등감은 점점 심해졌고 열등감은 피해의식과 적대감으로 번졌을 것이다. 엘리트에 부유층임에도 불구하고 패트릭은 자신보다 조금 더 가졌다 싶으면 그 사람이 자신을 무시하는 것처럼 느꼈다. 이런 열등감은 적대감과 분노로, 분노는 살인행각으로 이어졌다.

열등감을 성취를 위한 원동력으로 바꿔라

열등감을 하루아침에 극복하기는 쉽지 않다. 어린 시절에 부모와의 관계 속에서 결핍된 부분이 열등감으로 고착되기 때문이다. 열등감에 시달리는 것은 결코 자신 탓이 아니다. 애정이 부족했든 인정과 지지가 모자랐든 주위 환경이 그랬던 것이다. 좌절에 빠진 어린아이는 성장을 멈추고 열등감을 키워 간다. 성인이 되어도 성장을 멈춘 어린아이는 마음속에 남아 일이 풀리지 않을 때마다 자신을 조종한다. 이 아이를 잘 보살펴 성장시켜야 한다. 지지와 인정을 통해 열등감의 터널에서 나와 자신감을 되찾도록 말이다. 하루아침에 될 일은 아니다. 적어도 성장기 정도의 시간이 필요하다. 최소 5년 이상 걸린다는 얘기다.

열등감에 시달릴 땐 마음속에서 성장을 멈춘 어린아이가 인정과 지지를 원하는 것은 아닌지 살펴볼 일이다. 자신을 있는 그대로 받아들여야 한다. 세상에 완벽한 사람은 없다. 누구나 채워지지 않는 부분이 있고 정도만 다를 뿐 열등감을 갖고 있다. 다른 사람과 비교하면 끝이 없다. 나보다 똑똑하고 잘 나고 많이 가진 사람은 얼마든지 많다. 수많은 단점에도 불구하고 그럭저럭 괜찮은, 있는 그대로의 나를 인정하자. 약하고 마음에 안 드는 것투성이지만, 스스로 보듬어 토닥일 줄 알아야 한다.

다른 사람에게 함부로 말하는 사람은 없다. 대부분은 상황을 살펴 신중하게 말한다. 상대방을 좋아한다면 더 더욱 부정적이거나 비하하는 말은 하지 않는다. 스스로한테는 어떤가? 가장 아끼고 사랑해야 할 자신에게 "매력 없다. 무능력하다. 실패자다." 이런 말을 던지고 있지는 않은가? 내가 나를 아끼지 않으면 어느 누구도 나를 사랑할 수 없다. 다른 사람보다 나를 함부로 대할 이유는 전혀 없다. 가장 좋아하는 사람을 대하듯 따뜻하고 다정하게 자신을 대해야 한다. 내 삶에서 가장 중요한 사람은 나 자신이기 때문이다.

적어도 하루 한 번은 스스로 칭찬할 필요가 있다. 하루 해낸 일 중 잘한 것을 꼽아 스스로 칭찬해 보자. 곰곰이 생각해 보면 나도 장점과 능력을 갖고 있다. 조그마한 것까지 살펴보면 의외로 많을 것이다. 예컨대 이런 것이다.

"나는 다른 사람의 말을 잘 들어줘. 나는 다른 사람을 배려하려고 노력해. 난 업무에 최선을 다해."

김려령 작가의 소설 『완득이』의 주인공 도완득은 늘 가난하고 외롭다. 도저히 열등감에서 헤어 나오기 힘든 환경에서 살아간다. 가난한 동네 옥탑방에 살고 있으며 공부와는 담을 쌓았다. 아버지는 난쟁이인 데다 카바레에서 춤을 추며 하루 벌어 살아가고 어머니는 집을 나간 상태다. 아버지를 따르는 민구 삼촌은 말을 더듬고 좀 모자란다. 그나마 완득이가 잘하는 건 어린 시절 아버지를 기다리면서 조직폭력배들에게 배운 싸움뿐이다. 완득이는 열등감을 감추기 위해 싸움질을 하고 주먹을 휘두른다.

그러던 완득이가 우연히 킥복싱을 접하면서 운동의 재미에 푹 빠진다. 운동을 통해 늘 붙어 다니는 가난, 엄마의 빈자리, 감추려 애썼던 열등감을 조금씩 털어 내면서 완득이는 차츰 중심을 잡는다. 숨 막힐 것 같은 환경에서도 완득이는 당당하다. 가진 것도 없고 가족들도 변변치 않지만 주눅이 들진 않는다. 환경이 바뀐 건 아니다. 완득이에게 관심을 보이면서 챙겨 주는 담임선생님과 주위를 맴도는 친구 덕분에 완득이는 차츰 마음을 연다. 열등감도 조금씩 옅어진다. 완득이는 열등감에 대해 이렇게 말한다.

"아버지와 내가 가지고 있던 열등감, 이 열등감이 아버지를 키웠을 테고, 이제 나도 키울 것이다. 열등감 이 녀석, 은근히 사람을 노력하게 만든다."

열등감에 지배돼 평생 노예로 지내지만 않는다면 열등감은 성장을 위한 원동력이 될 수 있다. 열등감 자체를 동력삼아 성취를 향해 노력한다면 말이다. 아인슈타인과 에디슨은 열등감에 시달렸으나 이를 극복하고 위대한 성취를 이룬 대표적인 인물들이다.

02
질투와 시기심을
이겨 내라

빼앗길까 봐 불안해하지 마라

셰익스피어의 4대 비극 가운데 하나인 『오델로』는 인간의 사랑과 질투를 매우 강렬하게 묘사하고 있는 작품이다.

베니스 공화국 원로 의원의 딸인 데스데모나는 아버지의 반대를 무릅쓰고 용병 장군이자 흑인인 오델로와 결혼한다. 이들 사이를 갈라놓으려는 음모가 진행되는데 바로 직속 부하인 이아고에 의해서다. 10년간 오델로를 섬겼던 이아고는 자신이 아닌 캐시오가 부관자리에 오른 데 앙심을 품고 음모를 꾸민다.

먼저 캐시오에게 술을 먹여 인사불성이 되게 해 자리에서 쫓겨나게 만든다. 그런 다음 데스데모나로 하여금 캐시오의 복직 운동을 하도록 부추긴다. 그렇게 해놓고 오델로에게는 캐시오와 데

스데모나가 몰래 만나고 있다고 넌지시 말한다. 결정적으로 오델로가 그녀에게 주었던 손수건을 훔쳐내 캐시오의 방에 몰래 떨어뜨린다.

온몸을 불사를 듯 열렬했던 사랑은 순식간에 질투로 변하고, 오델로는 결국 질투심에 불타 데스데모나를 침대에서 목 졸라 죽인다. 그러나 모든 것이 이아고의 계략이었음이 밝혀지고, 오델로는 슬픔과 회한에 못 이겨 스스로 목숨을 끊는다. 이런 오델로를 빗대어 배우자가 불륜을 저질렀다는 질투 망상에 시달리는 증상을 '오델로 증후군'이라고 한다.

남녀 사이의 질투는 분노를 일으키는 중요한 유발 요인 중 하나다. 사랑의 감정으로 전개되는 남녀 관계에서 가장 조심스럽게 다뤄야 하는 감정이 질투다. 질투는 상대방의 애정을 확인하기 위한 방법으로 또는 상대방의 관심을 끌기 위한 방편으로 사용된다. 하지만 실제적인 외도든 아니면 의처증 때문이든 질투는 상대방을 해칠 수 있을 만큼 치명적인 감정이다.

진화심리학자들은 질투를 유전자를 후대에 남기기 위해 인간이 진화를 거듭하면서 발전시켜온 감정으로 본다. 원시시대와 같이 위협이 산재한 환경에서는 인간이 자신의 유전자를 남기기가 녹록지 않았다. 남성은 아기를 낳지 않기 때문에 누가 자기 자식인지를 확인할 길이 없었다. 누구의 아이인지도 모르는 상황에서 아이를 양육하는 책임을 질 경우 기회비용을 비롯해 심각한 손실을 입는다. 때문에 여성의 외도를 막고, 그 가능성을 줄이기 위해 진화와 함께 공고해진 감정이 바로 질투다. 여성들도 배우자가 다른 곳에서 아이를 낳아 경제적 자원을 나눠야 한다면 자신의 아이가 생존할 가능성이 줄어들기 때문에 질투라는 감정을 발달시켰다. 이처럼 질투가 폭력을 동반하기도 하는 치명적인 이유는 진화 과정에서 유전자에 스며들었기 때문이다.

질투는 남녀관계에서만 나타나는 건 아니다. 인간이라면 누구나 갖고 있는 보편적인 감정이다. 소변을 잘 가리던 아이가 동생이 태어나면서부터 갑자기 옷에 소변을 지린다. 이런 퇴행현상의 원인이 바로 질투다. 부모의 사랑을 독차지하다가 동생에게 애정을 빼앗긴 아이는 질투 때문에 아무데나 오줌을 누거나 동생을 때리는 공격적인 행동을 보인다.

남이 가진 것을 부러워하지 마라

질투가 자신이 갖고 있는 것을 빼앗길지 모른다는 불안감이라면, 시기심은 상대방이 갖고 있는 것에 대한 부러움이다. 시기심은 늘 겪는 흔한 감정이다. '사촌이 땅을 사면 배가 아프다.'는 말이 있을 정도다. 오죽하면 '배고픈 건 참아도, 배 아픈 건 못 참는다.'라는 우스갯소리가 있을까? 조선시대의 억압적 문화와 식민

지시대의 수탈, 개발 독재를 거치면서 한국인의 심성에는 평등에 대한 뿌리 깊은 정서가 자리 잡았다.

이런 정서는 급격한 근대화와 압축 성장 과정을 통해 더 강화됐다. 부를 축적한 사람들이 순수한 노력에 의해서라기보다는 각종 특혜와 연줄로 무임승차를 했다는 생각 때문이다. 반칙으로 다른 사람이 더 잘 살게 됐다면 그 사람을 인정할 수 없는 건 당연하다. 내가 다른 사람만큼 잘 살지 못할 하등의 이유가 없다는 한국인 특유의 평등의식은 이런 역사적 배경에 힘입은 바 크다. 평등에 대한 열망만큼 한국인은 시기심도 강하다.

어릴 적부터 우린 형제들 간에 누가 부모의 사랑을 더 많이 받는지 비교하면서 경쟁을 한다. 이런 비교를 통해 시기심이 싹튼다. 지니고 있지 못한 부나 재능을 다른 사람이 갖고 있다는 불쾌감이 시기심이다. 시기심은 비교를 전제로 한다.

셰익스피어의 작품 『율리우스 카이사르』에서 카시우스는 다음과 같은 말로 브루투스를 부추긴다.

"카이사르가 대체 무엇이오? 왜 그 이름이 당신 이름보다 더 빛나야 한단 말이오? 두 이름을 나란히 한 번 써 보시오. 브루투스와 카이사르! 그대의 이름 역시 아름답소. 두 이름의 무게를 달아 보시오. 그대 이름도 그만큼 무겁지 않소? 둘을 주문으로 외워 보시오. 브루투스도 카이사르만큼 빨리 정령을 불러내리니.

자, 모든 신의 이름을 걸고 묻노니, 무슨 고기를 먹고 컸기에 카이사르는 이다지도 커졌소?"

시기심은 우리에게 고통을 준다. 일본 국립방사선과학연구소 연구진이 실험 참가자들에게 자신보다 더 높은 지위에 있는 사람을 상상하게 하고 뇌 영상을 촬영했다. 부러움을 넘어 시기심을 느끼는 대상에 대해 얘기할 때는 전 대상피질이 활성화됐다. 이 부위는 신체적으로 상처를 입거나 감정적 고통을 당할 때 불이 들어오는 곳이다. 우리 뇌는 시기심을 고통으로 인지한다. 마음이 아픈데 이게 모두 저 사람이 가진 것 때문이라면 당연히 화가 난다.

다른 사람과 비교하지 마라

시기심은 상대적인 감정이다. 의외로 많은 것을 가지고도 단 한 가지가 부족하다는 이유로 시기심에 고통 받는 사람들이 많다. 이들의 눈에는 자신이 이루고 소유하고 있는 것들은 보이지 않는다. 결핍만 눈에 띌 뿐이다. 시선이 외부로 향해 있어 다른 사람들이 가진 것만 보이기 때문이다. 이런 사람들은 눈길을 돌려 이미 소유하고 있는 것을 꼽아 볼 필요가 있다. 찬찬히 살펴보면 의외로 많은 것을 누리고 있음을 알게 된다. 다른 사람에게 향한 시선을 거두어 자신에게 향하도록 하는 일이 시기심을 이겨 내는 첫 걸음이다.

사람마다 외모나 스타일이 다르듯 타고난 조건과 각자의 몫이 다르다. 많은 재산을 갖고 있다고 해서, 높은 지위를 누린다고 해서 더 행복한 건 아니다. 행복은 다른 사람과 비교하지 않는 데서부터 시작된다. 다른 사람과 계속 비교한들 자신의 조건이 더 나아지기는커녕 불행감만 커진다. 사회에서의 역할과 몫이 다르다는 것을 인정하자. 다른 사람의 욕망이 아닌 내면의 목소리에 귀 기울이는 것이 시기심을 벗고 행복에 이르는 지름길이다.

우리 뇌는 시기심을 이성적으로 처리할 수 있다. 이스라엘 하이파 대학교 연구진이 시기심을 느끼고 있는 실험자들의 뇌 영상을 분석한 결과, 변연계와 전전두엽을 잇는 부위가 활성화됐다. 원시적인 변연계에서 만들어진 시기심이 이성의 중추인 전전두엽에게 신호를 보내는 것이다. 마치 변연계가 이렇게 소리치는 것과 같다.

"야, 전전두엽! 저 사람이 페라리를 갖고 있는데 나도 그거 갖고 싶어. 어떻게 해야 돼?"

그러면 전전두엽은 상황을 평가한 뒤 변연계에 다시 신호를 보낸다.

"페라리를 갖는다고 더 행복해지겠니? 그때뿐이겠지. 크게 부족한 것도 없는데 너무 욕심 부리지 마."

이처럼 전전두엽을 활용하면 시기심도 얼마든지 조절이 가능하다.

　다른 사람과 비교하는 습관은 마음을 갉아 먹는다. 만족감은 사라지고 만성적인 스트레스에 시달린다. 성공을 해도 더 큰 성취를 이룬 사람들과 자꾸 자신을 비교한다면 결코 행복해질 수 없다. 어느 누가 영원히 성취의 정점에 머무를 수 있을까? 성취나 물질적 부가 행복을 담보해 주지는 않는다. 행복은 외적인 조건이 아니라 스스로 선택하는 것이다. 남들에게 보여 주기 위한 것이 아닌 내면에서 가치 있는 것이 무엇인지를 헤아려 볼 필요가 있다. 만족감은 내면의 충만감으로부터 온다. 현재에 집중하고 매 순간을 즐긴다면 스트레스도 사라진다. 햇볕을 받으며 공원을 걷는 지금, 시원한 바람이 몸을 휘감고 푸른 하늘이 눈을 적신다. 지저귀는 새소리와 바람 소리에 집중하다 보면 문득 행복감이 찾아온다.

　심리학자 롤프 하우블(Rolf Haubl)은 인간이 시기심을 느낄 때 나타나는 반응을 분노와 낙담, 야심으로 분류한다. 분노에 찬 시기심은 상대방뿐만 아니라 자신도 갉아 먹는다. 낙담은 나에겐 없지만 상대방이 갖고 있는 것이 정당하다고 느낄 때 나타나는 반응이다. 저건 내가 도저히 가질 능력이 없으니 일찌감치 포기해 버리는 것이다. 자신은 무기력해지지만, 상대방에 대한 분노는 나타나지 않는다. 야심에 찬 시기심은 상대를 진정으로 인정하고 그처럼 되기 위해 노력할 때 나타난다. 자신도 원하는 것을 얻을 수 있는 능력이 있다는 것을 믿고, 경쟁에 나서기 때문에 분노 대신 노력으로 나타난다. 야심으로 나타나는 시기심은 시기심을 자기계발로 승화시킬 수 있는 긍정적인 반응이다.

분노에 휩싸이기
쉬운 성격

화를 잘 내는 성격을 가진 사람이 있다. 자아 기능이 발달하지 못해 충동 조절이 잘되지 않는 사람들이다. 잘 참지 못하는 것이다. 본능과 사회적 규범 사이에서 조절을 하는 게 자아다. 자아 기능은 어린 시절 견딜 수 있는 만큼의 적절한 좌절을 통해 자란다. 부모가 하나부터 열까지 다 해 주거나 적절한 애정과 관심을 주지 않아 심각한 좌절을 겪을 경우 자아 기능은 성장을 멈춘다. 자아 기능이 약하면 충동 조절에 문제가 생긴다. 경계성, 자기애성 성격을 갖고 있는 사람들이 이런 유형에 속한다. 이들은 충동 조절을 잘하지 못해 사소한 자극에도 분노를 터뜨린다.

자기애성 성격-공주병, 왕자병 환자

누구나 자기 자신을 사랑한다. '자기애'는 모두 다 갖고 있는 본성이다. 건강한 자기애가 있어야 힘든 일이 있어도 스스로 다독이면서 자존감을 유지할 수 있다. 문제는 병적인 자기애를 갖고 있는 경우다.

30대 중반인 미란 씨는 잘 나가는 증권사 애널리스트다. 어려서 미국으로 유학을 가 상류층이 다니는 기숙학교를 거쳐 아이비리그 명문대를 졸업했다. 학창 시절 미란 씨는 집안이 좋거나 잘사는 친구들과만 어울렸고 스스로 최고라 여겼다. 대학 졸업 후 미란 씨는 명문 MBA를 거쳐 미국 월가의 금융 회사를 다니다가, 몇 해 전에 한국의 증권회사로 스카우트되었다.

미란 씨는 자신이 최고라고 생각했기에 열심히 일했고, 인정받는 펀드매니저가 되었다. 하지만 동료들은 미란 씨를 잘난 척이 심한 재수 없는 존재로 여겼다. 회식에 끼워 주지 않는가 하면 점심식사도 같이 하지 않을 정도였다. 점점 따돌림이 심해지자 그녀의 짜증도 늘었다. 급기야 정기인사에서 승진에 실패하자 분노가 폭발해 회사에 사표를 던졌다.

미란 씨는 동생이 태어난 뒤 어머니가 산후우울증을 겪어 한동안 외가에서 자랐다. 외가는 넉넉한 편이어서 미란 씨가 필요한 건 뭐든지 다 사줬다. 그러나 가족 간의 대화나 정서적인 지지는 별로 없었고 외조부모는 늘 일류를 고집했다. 집으로 돌아온 뒤에도 우울감이 심했던 어머니는 어린 딸을 잘 돌보지 못했다. 그래서 늘 외로웠고 사랑받지 못한다고 느꼈다.

이런 마음의 상처를 숨기려고 미란 씨는 더 잘난 척을 했고 출세를 해야 직성이 풀릴 것 같아 성공에 집착했다. 직장 동료들이 따돌릴 때도 자기가 너무 잘 나서 질시를 받는다고 여겼다. 그래서 동료들이 무언가 틈새라도 보이면 마구 따지는 등 자주 화를 냈다. 승진 실패는 미란 씨의 분노를 폭발시켰다. 겨우 버티고 있던 자존감이 무너졌기 때문이다.

자기애성 성격을 갖고 있는 사람은 자기 능력에 대해 비현실적인 자신감을 갖고 있다. 무한한 출세욕으로 가득 차 있을 뿐만 아니라 성공을 위해서라면 수단 방법을 가리지 않는다. 모든 것을 자기중심적으로 생각하기 때문에 주위의 존경과 관심을 끌려고 하고 사회적으로 성공하거나 유명한 사람하고만 어울리려 한다. 이들은 매우 오만하다. 그 오만한 가면 뒤에는 터지기 쉬운 열등감의 풍선이 숨어 있다. 오만한 태도는 자신의 불완전함이 들통나지 않도록 감싸 주는 보호벽 역할을 한다.

이들의 불행 가운데 하나는 다른 사람을 사랑할 수 없다는 것이다. 자기애성 성격을 갖고 있으면 다른 사람들에게 관심을 갖지 못한다. 온통 에너지가 자신에게만 쏠려 있기 때문이다. 공감능력이 떨어져 다른 사람에 대한 배려가 없고 자신을 위해 타인을 이용하는 경향이 있다. 하지만 정작 본인은 이런 사실을 잘 인지하지 못해 매우 당연한 듯 행동한다.

자기애성 성격을 가진 사람은 다른 사람들이 자신을 특별하게 여겨야 한다고 생각한다. 때문에 자신을 다른 사람과 똑같이 대하거나 대접이 소홀하다고 느꼈을 경우 비정상적인 분노가 폭발하기도 한다. 이들은 사소한 비판도 전혀 수용하지 못한다. 자신이 완벽한 사람인 양 생각하기 때문이다. 결점을 지적받으면 화부터 내고 좀처럼 자신의 잘못을 인정하려 들지 않는다. 사소한 잘못도 인정할 수 없는 매우 나약한 존재인 탓이다.

공주병, 왕자병이 바로 자기애성 성격이다. 요즘처럼 아이를 하나만 낳아 과잉보호 속에 자라게 하면 병적인 자기애성 성격이 될 수 있다. 부모가 양육에 신경 쓰지 않아 적절한 보살핌을 받지 못한 경우에도 자기애성 성격으로 이어진다. 어릴 때 사랑받지 못한 상처와 열등감을 감추려는 반작용으로 자기애가 지나치게 커지는 것이다.

경계성 성격 – 감정의 기복이 매우 심하다

유능한 변호사이자 단란한 가정의 가장인 댄(마이클 더글라스 분)은 우연히 파티에서 출판사 편집장인 알렉스라는 여인을 만난다. 알렉스의 요염한 매력에 끌려 마음이 흔들린 댄은 며칠 후 아내가 친정에 간 사이 알렉스와 뜨거운 하룻밤을 보낸다. 댄에게는 한순간의 성적 유회였을 뿐이었다.

하지만 알렉스에게는 이제부터가 시작이었다. 알렉스는 한 번 관계를 가졌을 뿐 전혀 알지 못하는 댄을 이상형으로 여기면서 자신의 공허함을 채우려 한다. 그와의 강렬한 관계를 꿈꾸던 알렉스는 막상 댄이 떠나자 집요하게 매달린다. 끊임없이 전화를 걸어 신랄한 독설을 퍼붓다가 임신을 했다며 자신한테 돌아오길 애원한다. 사랑의 감정은 금세 분노로 바뀌어 알렉스는 자신을 버린 댄을 향해 복수심을 불태운다. 급기야 댄의 집에 찾아가 그의 아내를 폭행하기에 이른다. 알렉스의 이런 광적인 집착은 결국 죽음으로 막을 내린다.

영화 「위험한 정사」의 여주인공 알렉스는 경계성 성격을 갖고 있다. 경계성 성격의 소유자는 항상 자신의 공허함과 애정 결핍을 채워 줄 상대를 찾는다. 그런 사람을 만나면 자신을 사랑해 줄 완벽한 존재로 믿고 상대방에게 매달린다. 상대는 강렬한 관계나 과도한 기대감이 부담스러워 뒤로 한 발 물러선다. 그러면 경계성 성격을 갖고 있는 사람은 버림받을지 모른다는 불안감에 사로잡혀 필사적으로 매달리거나 자살 위협으로 상대방을 조종한다.

경계성 성격을 가진 사람은 거절당하거나 버림받는 것에 대한 뿌리 깊은 두려움이 있다. 사람들은 자신에게 신경을 써야 하고 필요로 하는 것은 뭐든 해 줘야 한다고 생각한다. 이들은 거절의 기미가 조금만 보여도 필사적으로 매달린다. 버려졌다는 느낌을 받을 경우엔 폭발한다.

경계성 성격의 소유자는 감정을 조절하지 못할 때가 많다. 마음에 안 든다며 물건을 부수고 기분이 조금만 상해도 욕설을 퍼붓는다. 감정의 기복이 매우 심하고 변덕스럽다. 무엇이든 확 좋아했다가 금방 싫어하기를 반복한다. 사람은 누구나 전적으로 좋거나 나쁜 상태의 중간, 그 어딘가에 있기 마련인데, 이들은 중간을 보지 못하고 상대방을 극단적으로 평가한다. 그래서 이들은 마음속에 분노가 자리 잡은 듯 사소한 일에도 화를 낸다. 화가 나면 냉소적인 태도를 보이면서 비꼬듯 말하다가 결국 폭발한다. 급기야 모든 사람을 증오하면서 무차별적으로 공격을 퍼붓는다.

편집성 성격 – 예민하고 논쟁적이다

의심과 불신이 성격에 배어 있는 사람들이 있다. 바로 편집성 성격을 갖고 있는 사람들이다. 다른 사람들을 믿지 못하기 때문에 이들은 항상 속임을 당하거나 이용당하지 않을까 하는 두려움에 사로잡혀 있다. 이들은 매우 예민하고 다른 사람들에 대해 경계를 늦추지 않는다. 언제 자신을 속이려 들지 모르기 때문이다. 사람들의 행동에 대해선 모두 의도가 있다고 생각한다.

이들은 자신이 부당한 대우를 받고 있다고 느끼면서 하찮은 일에도 공격당했다고 생각한다. 조금만 무시당했다고 느껴도 커다란 적개심을 품는데, 한 번 품은 적대 감정은 쉽게 풀리지 않는다. 이들은 냉담하고 태도가 경직돼 있고 농담도 잘 통하지 않는다.

　편집성 성격의 소유자는 신뢰 관계나 애정을 믿지 못하기 때문에 권력이나 힘으로 사람을 지배하려 든다. 인간관계를 상하 관계나 힘의 관계로 여겨 권력과 지위에 대한 집착이 강하다. 이런 성향 때문에 권모술수에 능하고 주도면밀한 일 처리로 출세가도를 밟는 사람이 적지 않다. 특히 똘똘 뭉친 적개심으로 정적이나 라이벌을 제거하는 데 천부적 재질을 발휘한다.

　술만 마시면 아내와 자식들에게 폭력을 휘두르는 아버지 밑에서 자란 스탈린은 냉혹한 기질을 가진 사람으로 성장했다. 스탈린은 아버지에 대한 분노를 정적에게 투사해 피의 숙청을 불러온다. 스탈린은 청년 시절에 애독했던 『부친 살해범』이라는 소설의 주인공 '코바'를 혁명가로 활동할 당시에 별명으로 사용했다. 어린 시절부터 폭력에 노출돼 아무도 믿을 수 없었던 스탈린은 불안을 이기기 위해 수많은 정적을 숙청하는 공포정치를 행했다.

　성장 과정에서 부모의 따뜻한 애정을 많이 받지 못한 사람은 타인을 잘 믿지 못한다. 어린 시절 인간에 대한 따뜻한 신뢰를 경험하지 못하면 인간에 대한 믿음이 자라지 않는다. 칭찬보다 비난을 더 많이 듣고 자란 아이는 비난의 목소리를 내면화한다. 이들은 어른이 돼서도 '사람들이 나를 이용하려 들고 내게 모욕을 주려 한다.'는 내부 감시자의 목소리를 지니고 산다. 이들은 내부 감시자의 목소리에 짓눌려 생긴 분노를 다른 사람에게 투사한다. 예민하고 논쟁적이며 화를 잘 내는 편집성 성격 소유자의 모습은 이런 이유에서 나온 것이다.

강박성 성격-조금이라도 벗어나면 안 된다

50대 초반의 직장인 박 모 씨는 입사 동기 중에 가장 먼저 이사 직함을 달았을 정도로 능력을 인정받았다. 그런데 회사가 어려워지면서 30년 가까이 다녔던 회사를 그만두었다. 중소기업 고문으로 자리를 옮긴 박 씨는 전 회사에서 위로금 조로 적지 않은 금액을 받았고, 그동안 모아 둔 돈도 충분해 노후 걱정은 없는 편이다. 하지만 갑자기 주체할 수 없을 정도로 늘어난 여유 시간을 어떻게 보내야 할지 혼란스러웠다.

박 씨는 명절이나 휴일 한 번 제대로 쉰 적이 없는 지독한 일 중독자로 아랫사람들에게는 공포의 대상이었다. 책상 줄이 삐뚤어지거나 책상 위가 지저분하면 바로 불호령이 떨어졌다. 서류기안도 박 씨가 하는 방식에서 조금이라도 벗어나면 바로 퇴짜를 놓았다. 박 씨는 완벽주의자인 데다 융통성이 모자라 아랫사람들은 숨이 막힐 지경이었다. 조금이라도 이의를 제기하면 마치 하극상을 한 것처럼 몰아붙여 아무도 얘기를 하지 못했다.

박 씨는 완벽주의 성향을 갖고 있는 강박성 성격이다. 강박성 성격의 핵심은 통제다. 자신을 통제하는 것처럼 다른 사람도 자신의 스타일에 맞추려 든다. 이들의 관심사는 지배와 복종이다. 대인 관계에서 주도권을 누가 쥐느냐에 매우 민감하다. 그래서 수평적인 관계보다는 지배와 복종의 수직적인 관계에 익숙하다. 자신이 윗사람에게 철저하게 복종하듯 아랫사람도 그렇게 하길 요구한다. 이들은 주위 사람들의 비난에 매우 민감하다. 간혹 지엽적인 일에 매달려 효율성이 떨어지는데 이를 지적하면 비웃는 것으로 받아들여 폭발한다.

강박성 성격의 소유자는 모든 일을 완벽하게 해내야 한다. 자신만의 계획이 있어 다른 사람이 이를 침범하는 것을 허용하지 않는다. 그래서 누군가 자신의 계획을 흐트러뜨리면 심하게 화를 낸다. 이들은 계획대로 일이 진행되지 않으면 불안과 분노를 참지 못하고 다른 사람을 탓하는 경향도 있다.

제4장

분노
조절은
가능하다

01
분노 알아차리기

감정은 삶의 필수 요소다

올더스 헉슬리(Aldous Huxley)의 소설 『멋진 신세계』에선 원치 않는 감정에 시달리는 사람들에게 '소마'라는 이름의 묘약을 처방해 준다.

"오늘따라 유난히 울적해 보이는데, 무슨 일인지 한 번 말 좀 해 보세요. 제가 봤을 때, 지금 당신에게 필요한 건 소마 1그램입니다."

이어 베니토는 바지 오른쪽 주머니에 손을 집어넣어 약병 하나를 꺼낸다. 소마 한 알이면 10가지 감정을 다스릴 수 있다.

소마가 과연 행복의 묘약일까? 자책감과 두려움, 절망에 시달리고 있다면 소마가 고통을 없애 주는 명약일 것이다. 그러나 환희와 기쁨, 즐거움이 함께 사라진다면 행복할 수 있을까? 감정이 사라지면 격한 감정에 휘말리는 일도 없을 것이다. 삶은 항상 평온하고 우린 침착함을 잃지 않을 것이다. 그러나 감정을 느끼지 못하는 사람은 공포감도 사라져 생명에 위협을 받는다. 다른 사람에 대한 관심이 없어 대인 관계를 맺지 못한다. 의욕과 흥미가 사라져 일을 시작하지도 끝맺지도 못한다.

감정과 정서 연구의 대가 안토니오 다마지오(Antonio Damasio) 박사는 감정이 의사결정에 필수적이라는 유명한 '엘리어트(Eliot) 사례'를 연구했다. 엘리어트는 잘 나가는 40대 사업가였다. 머리가 비상한 데다 실행능력도 좋아 모든 일을 완벽하게 처리했다. 당연히 회사는 성공 궤도에 올랐고 승승장구했다. 그러나 성공은 오래가지 못했다. 갑자기 회사가 큰 손실을 입고 부도를 맞아 문을 닫게 됐다. 엘리어트의 잘못된 결정 때문이었다. 평소의 엘리어트라면 이런 결정을 내릴 리가 없었다. 엘리어트는 뇌수술을 받은 뒤였다. 전두엽에 종양이 생겨 종양을 제거하는 수술을 받았던 것이다. 이때 엘리어트의 전두엽 일부가 손상을 입었다. 이후 엘리어트는 평소와 다른 모습을 보이기 시작했다.

사람들이 당황스런 질문을 해도 엘리어트는 늘 상냥한 미소를 보였다. 언제나 입가에 미소를 머금고 있는 그의 모습은 사람들을 당혹케 했다. 처음 보는 사람한테도 쉽게 다가갔고 그들을 경계하지도 않았다. 회사는 문을 닫았고 아내도 그의 곁을 떠났지만 그는 평정심을 잃지 않았다. 삶이 무너지고 있는데도 엘리어트는 분노나 우울, 불안 등의 감정에 휩싸이지 않았다.

수술로 뇌 손상을 입은 뒤 감정을 인지하는 능력을 상실한 탓이었다. 엘리어트는 자신이 무엇을 좋아하는지 잘 몰라 의욕을 느끼지 못했다. 다른 사람의 감정을 인식하는 데도 어려움을 겪었다. 결국 그는 계속 잘못된 판단을 내렸고 눈치 없이 실수를 저질렀다. 엘리어트의 지적 기능이 떨어진 건 아니었다. 당시 엘리어트의 지능과 기억력 검사 점수는 상위권이었다.

엘리어트의 사례를 보면 감정이, 심지어 불편한 감정까지도 우리 삶에 얼마나 필수적인지를 알 수 있다. 사람이 아무리 머리가 좋고 성실해도 감정이 따라주지 않으면 올바른 의사결정을 내릴 수 없다. 감정은 사람을 움직이는 강력한 힘이다. 감정은 이성보다 더 근본적이어서 사람의 생각과 행동을 좌우한다. 그런데 감정 그 자체는 불가사의다. '열 길 물속은 알아도 한 길 사람 속은 모른다.'는 말처럼 감정은 블랙박스다. 니체는 "인간은 행동을 약속할 수는 있으나 감정을 약속할 수는 없다."고 했다. 의지와 상관없이 움직이고 변화무쌍한 것이 감정이다. 하지만 노력을 하면 감정의 속살에 닿을 수 있다. 감정의 신호를 느끼려고 노력하면서 세세한 감정을 구분하는 연습을 통해서다.

감정에 귀를 기울여라

미국 작가 윌리엄 폴 영의 『오두막』은 딸을 잃고 분노와 절망에 빠져 있는 아버지가 사랑과 용서로 상처를 치유하는 과정을 그린 소설이다. 어느 날 실의에 빠져 있는 아버지를 오두막으로 초대한다는 편지가 날아든다. 그 오두막은 4년 전 딸이 납치돼 살해된 곳이다. 아버지는 오두막을 떠올리며 진저리를 치다가 엄청난 분노를 느낀다.

그의 온몸이 딱딱하게 굳었다. 욕지기가 파도처럼 밀려왔다가 곧 분노로 변했다. 그는 오두막에 대해서는 일부러라도 생각하지 않으려 했고, 어쩌다 떠올리더라도 좋은 기억이란 전혀 없었다. 누군가 고약한 장난을 치려했다면 정말 제대로 친 것이었다. (…) 아드레날린 과나 분비 닷인지 몸이 지나치게 반응했고, 그는 정글에 설치해 둔 덫에 걸린 것처럼 움찔하며 자신의 두 발이 앞으로 올라가는 장면을 슬로모션으로 목격했다. (…) 순간적으로 세상이 캄캄해졌다. 맥이 혼미한 상태로 그냥 널브러져 있다가 벌겋게 상기된 얼굴에 얼음비가 차갑게 떨어지자 눈을 찌푸리며 하늘을 노려보았다.

감정은 머릿속이 아닌 우리 몸속에 살고 있다. 몸이 느끼기 때문에 우리는 감정을 느낀다. 윌리엄 제임스는 "감정, 그것은 곧 감각이다."라고 표현했다. 감정은 우리를 극도의 흥분상태로 몰아가 폭발시키거나 고통에 사로잡히게 한다. 머뭇거리게 하거나 안절부절못하게 만들거나 무기력에 빠뜨린다. 이런 감정을 조절하려면 먼저 감정의 신호를 알아채는 법을 배워야 한다.

"가슴이 부글부글 터질 것만 같았다. 응어리가 가슴을 꽉 막고 있었다."

"얼굴이 벌겋게 달아오르고 격렬한 분노로 가쁜 숨을 몰아쉬었다."

"셔츠 아래로 근육이 긴장되고 팽창하는 듯 보였다. 얼굴은 점점 붉어졌고 이마에는 땀방울이 맺히기 시작했다."

이처럼 신호는 몸이 보낸다. 특정한 감정을 느끼면 뇌의 자율신경계가 활성화돼 신체 반응으로 나타난다. 우리는 감정을 뇌로는 느낄 수 없기에 신체 반응으로 경험한다. 그래서 나중에 비슷한 경험을 하면 기억 속에 저장된 감정으로 느낀다. 심장이 뛰고 호흡이 가빠지고 온몸이 긴장한다. 이런 신체 신호를 무심히 지나치지 않아야 현재의 감정 상태를 알 수 있다. 슬플 때, 기쁠 때, 겁먹거나 절망에 빠져 있을 때 몸이 어떻게 반응하는지를 생각해 보자.

얼굴이 화끈거리고 머리가 지끈지끈 아파 온다. 가슴이 뛰면서 열불이 나고 속에선 신물이 올라온다. 갑자기 심한 스트레스를 겪을 때 나타나는 현상이다. 이런 신체반응은 감정 상태를 반영

한다. 두려움, 수치심, 분노 등의 감정이 이런 신체 반응으로 나타난다. 그러나 어떤 감정이 이런 반응을 불러왔는지 알기 힘든 경우가 많다. 화가 난 건지 두려움에 휩싸인 것인지 수치심 때문에 스트레스를 받은 것인지 분간하기가 쉽지 않다.

감정에 이름을 붙여라

감정을 구분하는 데 어려움을 느끼는 사람은 감정을 잘 표현하지 못한다. 어떤 감정인지 명명하기 어려울 테니까 말이다. 이런 사람은 감정을 표현하기보다 감정에 따라 행동한다. 어떤 감정인지도 모른 채 감정에 휘둘리는 것이다. 예컨대 무엇에든 열을 받으면 무조건 폭발하는 사람이 여기에 속한다. 감정을 느끼지만 이를 언어로 해석하지 못하면 감정을 구분할 수 없다. 감정을 잘 구분하려면 감정이 생기는 변연계와 감정이 언어로 명명되는 전두엽 사이의 연결이 매끄러워야 한다.

그림을 그릴 때 팔레트에 물감을 짜서 섞어 본 적이 있을 것이다. 여러 물감을 섞을수록 선명한 색깔이 점점 무채색을 띤다. 우리 감정도 마찬가지다. 서로 모순되는 수많은 감정이 한 감정으로 뭉뚱그려져 나타난다. 그래서 감정은 마치 가면을 쓰듯 위장을 잘한다. 편치 않게 느끼는 감정일수록 우리가 잘 다룰 수 있는 감정으로 스스로 위장한다.

분노에도 다양한 감정이 숨어 있다. 우리는 억울하거나 부끄러울 때도 화를 낸다. 화가 치밀어 오를 땐 미안하고, 창피하고, 속상하고, 실망스러운 다양한 감정이 섞여 있다. 이런 감정들이 분화되지 않았을 때 우리는 이를 분노로 표출한다. 그래서 분노의 이면엔 다른 감정이 숨겨진 경우가 많다.

어떤 감정인지를 알려면 감정에 하나하나 이름을 붙여야 한다. 여러 감정에 말로 꼬리표를 다는 것이다. 감정에 이름을 붙여야 그 감정을 관리하는 데 도움이 된다. 앞서 말한 것처럼 감정을 느끼는 건 원시적인 변연계이고 여기에 이름을 붙이는 게 전두엽이다. 감정에 이름을 붙이면 뇌에서 브레이크 역할을 하는 전두엽이 활성화된다. 이를 통해 감정의 중추인 변연계가 진정된다.

먼저 스스로에게 분노, 불안, 우울이라는 단어를 사용하는지 물어 본다. 침울, 절망, 두려움, 모멸감, 수치심이라는 단어를 사용해 본 적은 있는가? 어떨 땐 두려움이라는 단어 대신 불안이라는 용어를 사용했을 것이다. 슬프다 대신 침울하다는 표현은 어떨까? 감정의 꼬리표를 바꿀 때 느낌이 어떻게 바뀌는지 살피는 게 중요하다.

이런 감정을 표현하는 단어들을 육체적 감각과 연결 짓는다. 예컨대 "숨이 막힐 것 같은 느낌이 드는데, 이 감정은 공포다." 또는 "심장이 쿵쾅쿵쾅 뛰는 이 느낌은 두려움이다." 혹은 "가슴에 열불이 오르면서 온몸의 근육이 팽팽해지는 이 느낌은 분노다.",

"마음속이 텅 빈 것 같은 이 느낌은 슬픔이다." 이런 식이다.

감정에 이름을 붙이는 연습을 하면 다른 감정이 분노로 바뀌어 표현되곤 한다는 것을 알 수 있다. 예를 들어 창피하거나 부끄러운 감정이 화로 바뀌거나 두려움이 분노로 표현된다. 다른 사람과의 관계에서 느껴지는 감정도 이름을 붙여 본다. 누군가 자신을 구박한다면 '모멸감' 혹은 '수치심' 또는 '부적절감'이라고 말이다. 이렇게 이름을 붙이고 나면 상대방이 자신에게 어떤 감정을 불러일으키는지를 명확히 알 수 있다.

감정에 대해 잘 알수록 더더욱 감정에 주의를 기울인다. 감정을 인지하는 능력을 높이기 위해선 감정에 관한 지식을 높여야 한다. 관련된 책을 읽는 것도 좋고 소설이나 영화를 통한 간접 경험도 도움이 된다. 일기를 쓰면 회피하고 싶었던 감정을 떠올리면서 이를 더 잘 이해하고 재구성할 수 있다. 감정을 더 잘 인지하고 싶다면 꾸준히 일기를 쓰는 게 도움이 된다.

02
분노 제거
버튼 누르기

공격에 맞서지 마라

앞서 소개한 레이먼드 카버의 단편집 『대성당』에 「비타민」이라는 소설이 실려 있다. 주인공은 아내의 친구를 유혹해 같이 술을 마시다가 베트남전에 참전했던 흑인에게 모욕을 당한다. 자칫 큰 싸움으로 번질 뻔했지만 주인공은 상대방의 공격에 맞서지 않는다. 분위기는 이내 잠잠해진다.

우리는 각자의 잔을 앞에 두고 넬슨의 중절모가 탁자 한가운데에 놓인 칸막이 자리에 모여 있었다.

"너 말이야."

넬슨이 내게 말했다.

"너하고 사는 여자가 있지. 안 그래? 이 아름다운 숙녀분은 네 마누라가 아니잖아. 뻔하지 뭐. 그렇지만 두 사람은 정말 좋은 친구 사이다. 그런 말씀인가?"

"누런 새끼들한테서 내가 잘라냈지."

넬슨이 말했다.

"그 새끼들은 이제 아무것도 듣지 못할 거야. 기념품이 필요했거든."

카키는 열쇠고리에 매달린 귀를 돌렸다.

도나와 나는 칸막이 자리를 나서기 시작했다.

"가지마. 아가씨."

넬슨이 말했다.

나는 도나의 외투를 들고 칸막이 자리 옆에 서 있었다. 두 다리가 후들거렸다.

넬슨은 목소리를 높였다.

"이 개자식과 지금 연애하시겠다고. 이 녀석이 네 달달한 데다가 얼굴을 들이밀게 내버려 두시겠다고. 너희 둘이서 나를 처리하겠다고."

우리는 칸막이 자리에서 멀어지기 시작했다. 사람들이 우리를 쳐다봤다. 음악 소리 너머로 넬슨의 고함소리가 들렸다. 그는 소리쳤다.

"그래봐야 아무 소용없다고! 니들이 무슨 짓거리를 하든. 좋아

할 사람은 아무도 없어!"

거기까지는 나도 들었지만, 그 이상은 무슨 말을 하는지 알 수 없었다. 음악이 멈췄다가 다시 시작했다. 우리는 돌아보지 않았다. 우리는 계속 걸었다. 우리는 인도로 나왔다.

긍정적인 열 마디보다 부정적인 말 한 마디가 우리 감정에 훨씬 더 영향을 미친다. 잘해 준 일 열 가지는 기억하지 못해도 섭섭한 일 한 가지는 잊지 않는 게 사람 마음이다. 아흔 아홉 명이 나에게 잘해 주더라도 한 사람이 비웃으면 그 사람 때문에 기분을 잡친다. 수많은 팬을 거느린 연예인들이 한두 명의 '악플러' 때문에 우울증에 걸리고 자살을 시도한다.

우리 뇌는 긍정적인 정보보다 부정적인 신호에 훨씬 민감하다. 생존에 더 중요하기 때문이다. 열 번 속더라도 단 한 번의 위험을 피하지 못하면 치명적이다. 그래서 우리 뇌는 아무리 사소한 위험신호라도 경보를 울린다. 위험이나 위협 같은 부정적인 정보를 등한시한 조상은 진화 과정에서 도태됐다. 우리는 위험에 민첩하게 대처해 후손을 남긴 조상의 후예다. 그래서 우린 다른 사람의 비판이나 공격에 매우 민감하다. 스스로 보호하는 것을 넘어 날카롭게 날을 세워 앙갚음을 하려 든다.

공격에 맞서 분노로 대응하면 십중팔구 싸움으로 번지거나 관계가 깨진다. 화를 내 상대방을 이긴다 한들 당신도 상처투성이다. 상대방을 쓰러뜨리기도 어렵지만 그렇다 한들 당신의 상처가 치유되는 것은 아니다. 상대의 공격을 가장 효과적으로 잠재우는 방법은 대응을 하지 않는 것이다. 비난에 정면으로 맞서지 않고 일단 그 순간을 피해야 한다. 맞대응을 하지 않으면 상대방도 김이 빠져 제풀에 지친다. 반면 격렬하게 저항하면서 적대적으로 반응하면 비판의 강도는 거세진다. 자신의 생각이 틀리지 않다는 것을 기를 쓰고 증명하려 들기 때문이다.

15초, 분노를 해소하는 골든타임

직장 상사나 동료에게 부당하게 깨졌다면 바로 대응하지 말고 일단 기다려라. 누구나 처음에는 화가 치밀어 올라 바로 치받고 싶다. 많은 사람들이 화가 나면 바로 행동에 나선다. 콧김을 씩씩 내뿜으면서 상대방과 맞닥뜨린다. 그러나 대부분 이내 머리를 감싸고 자신의 행동을 후회한다. 감정에 충실한 것은 좋다. 하지만 그게 항상 정답은 아니다.

분노는 너무 뜨거워 모든 것을 녹여 버린다. 가속 페달을 밟는 것과 같아 브레이크를 걸지 않으면 빠르게 파국을 향해 치닫는다. 분노에 휩싸인 사람은 상황을 상대의 관점에서 객관적으로 볼 여유가 없다. 그래서 다른 사람의 행동에 대해 적대적으로 윤색한다. 화가 났을 때 내리는 판단은 과녁을 한참 벗어난다.

분노를 조절하는 가장 좋은 방법은 자극과 반응 사이에 시간을 두는 것이다. 행동하기 전에 잠깐 멈추는 것이다. 자극과 반응 사이에 완충 지대를 만들어야 한다. 그 공간에는 반응을 선택할 수 있는 자유와 능력이 자리 잡고 있다.

일단 하나, 둘, 셋을 세면서 3초간 아무런 생각을 하지 않는다. 생각에 정지 버튼을 누르는 것이다. 생각 중단하기는 이성적인 자아가 적대적 자아에게 진정하라고 신호를 주는 것이다. 흥분을 가라앉히는 가장 좋은 방법은 심호흡이다. 셋을 세면서 숨을 들이쉬고 셋을 세는 동안 참았다가 다음 여섯을 세면서 숨을 내쉰다. 생각을 멈추는 3초, 심호흡 12초, 모두 15초만 참으면 일단 급한 불을 끌 수 있다. 15초는 분노를 가라앉힐 수 있는 '골든타임'이다.

긴장이 풀리고 몸이 가라앉을 때까지 심호흡을 반복한다. 이때 마음속으로 "그만둬!"라고 외치면 도움이 된다. 흥분을 가라앉히면 상황을 객관적으로 보고 실행 가능한 선택 사항을 살필 수 있다. 이성의 힘으로 감성의 열기를 식힌 뒤 전략을 짜는 것이다.

심호흡을 하면 부당한 취급을 받았다는 생각에 격분한 감정이 조금씩 가라앉는 것을 느낄 수 있다. 그러면서 부당하다는 생각이나 모욕감이 정당한지 도전하고 재해석한다. 이때는 상대방의 눈으로 자신을 바라보는 게 필요하다. 도발 행위가 맞는지 고의적인 건지도 따져본다. 예컨대 이런 것이다. '부서 전체에게 한 얘기를 내가 사적으로 받아들인 것은 아닌가?', '나를 모욕하려고 일부러 그런 건 아니겠지', '내가 너무 과민한 걸까?'

관심을 줄 만한 가치가 있는지도 따져본다. 특히 나를 화나게 한 사람이 정말 내 인생에서 중요한 사람인지 한번 돌이켜보자. 그럼 이런 생각이 들 것이다. '내 인생에서 별로 중요하지도 않은 사람이잖아? 가족이나 친구, 애인도 아닌데 이렇게까지 신경 쓸 필요가 있을까?' 나를 힘들게 하는 직장 상사라고 해도 짧으면 몇 개월, 길어야 몇 년 함께 지낼 사이다.

스스로 이런 질문도 해 볼 필요가 있다. '저 사람 신경 쓰는 데 허비한 시간을 돈으로 환산하면 얼마야?' 인생에서 중요하지도 않은 사람한테 소중한 감정적 에너지를 허비할 이유는 없다. 시간이 아깝다는 생각이 들면 허비한 시간을 돈으로 환산해 보자. 그 사람에게 쓸데없이 에너지를 쏟다가 놓친 일과 여가 시간 등을 돈으로 환산하면 정신이 번쩍 들 것이다. 효과적인 대응책이 있는지도 살펴봐야 한다. 적대감이 정당하다고 해도 적절한 대응책이 없다면 흥분은 가라앉히는 게 좋다.

자신의 감각과 신체 상태도 느껴보자. 흥분하고 있다는 것을 의식하면 분노 조절이 더 쉬워진다. '온 몸이 굳어 있군. 풀어 줄 시간이야.', '가슴이 너무 뛰네. 심호흡을 해야겠어.' 이처럼 시간을 벌면 공격이 아닌 대안 행동이 나온다. 화를 내지 않고도 원하는 메시지를 명확히 전달할 수 있다.

몸의 열기를 가라앉히고 부정적인 에너지를 방출해 상황을 좀 더 명확하게 보자. 몸을 움직여 에너지를 방출할 필요가 있다. 주변을 걸으면서 바람을 쐬어야 할지도 모른다.

긴장을 푸는 방법

평소 몸이 긴장돼 있다면 사소한 자극에도 분노가 터져 나오기 쉽다. 연습을 하지 않으면 화를 가라앉히는 것도 쉽지 않다. 앞서 얘기한 것처럼 우리 몸의 긴장을 푸는 데 가장 쉽고 탁월한 효과를 가진 게 심호흡이다. 그저 깊게 천천히 숨을 쉬면 될 거라고 생각하기 쉽지만, 심호흡도 제대로 하려면 평소에 연습이 필요하다.

의자든 바닥이든 반듯하게 앉아 허리를 꼿꼿이 펴고 손은 무릎 위에 놓고 눈을 감는다. 3초간 숨을 들이마신 뒤 6초간 숨을 내쉰다. 숨을 깊이 들이마셔 폐를 채우고 횡격막을 확장시키고 가슴을 연다. 모든 주의를 들어오는 숨에 집중한다. 숨을 내쉴 땐 공기가 목구멍과 가슴, 배에서 빠져나오는 것을 느낀다. 입을 살짝 벌려 길고 가늘게 숨을 내쉬면서 아랫배가 등허리에 닿는 느낌이 올 때까지 남아 있는 모든 숨을 내쉰다. 이런 심호흡을 한 번에 3분씩 하루에 몇 차례만 해도 자율신경이 안정돼 긴장이 풀린다.

점진적 근육이완법도 긴장 완화에 효과적이다. 점진적 근육이완법은 미국인 의사 에드먼드 제이콥슨(Edmund Jacobson)이 1920년대에 개발한 것으로 근육을 이완된 상태로 만들고 심리적인 불안을 해소시켜 주는 효과가 있다. 먼저 자신의 근육이 얼마나 긴장한 상태인지를 느껴 본다. 특정 근육에 힘을 준 뒤 그 감각을 기억해 둔 다음 근육을 이완시키면서 안정이 되는 느낌에 집중한다. 이때 근육을 일부러 이완하려고 노력하지 말고 자연스럽게 내버려 둔다. 이런 과정을 반복하면 언제 어디서나 근육이 긴장된다고 느껴지는 순간 의식적으로 근육을 이완시킬 수 있다. 더불어 불안감도 감소시킬 수 있다.

근육이완법을 제대로 하려면 편안한 자세로 눈을 감고, 꽉 조이는 혁대나 옷을 느슨하게 하는 것이 좋다. 팔걸이 의자에서 훈련을 하면 더욱 효과적이다. 먼저 그냥 긴장을 푼다. 어떤 문제가 떠올라도 해결하려 하지 말고, 그냥 머리를 비운다. 먼저 오른손 주먹에 초점을 두고 주먹을 꽉 쥐자. 점점 더 힘 있게 꽉 쥐면서 긴장감을 느껴 본다. 서서히 이완시키면서 그 느낌을 생각한다. 이완하는 시간이 긴장하는 시간보다 길어야 한다. 힘을 줄 때는 5~7초, 힘을 풀 때는 20~30초가 적당하다. 한 번 더 반복해서 실시한다. 다음은 발가락에서 머리끝까지 모든 근육을 차례차례 긴장했다가 이완시킨다. 이완되면 그 상태를 즐기도록 하자.

내적 · 외적 자극이 있을 때 우리 몸이 이완하는 건 자연스러운 반응이 아니다. 자극에 대해 우리 몸이 할 수 있는 최선은 반응을 하지 않는 것이다. 점진적 근육이완법은 스트레스에 대해 우리 몸이 민감하게 반응하지 않도록 도와준다. 마찬가지로 스트레스에 대한 정서적인 반응도 줄여 준다.

명상도 도움이 된다. 명상은 마음을 안정시켜 생각을 멈추게 하고 몸을 이완시킨다. 규칙적으로 명상을 하면 화가 나는 상황에서도 마음을 가라앉힐 수 있다. 하루 15분씩만 연습하면 생각 비우기가 쉬워진다. 명상은 '싸우기 아니면 도망가기'식의 원초적인 반응을 평온한 방식으로 처리하게 해 준다. 명상을 오래하면 호흡과 맥박수가 줄고 혈압이 낮아진다. 혈액 속 스트레스 호르몬 수치가 떨어지고 뇌파도 안정을 보여 긴장 상태가 줄어든다.

무엇보다 명상을 하면 자신을 통제할 수 있기 때문에 불안을 덜 느끼고 상대방에 대한 반응도 조절할 수 있다. 이는 뇌 연구를 통해서도 확인됐다. 1만 시간 이상 명상훈련을 받은 사람들을 대상으로 여성의 울부짖음 같은 심한 스트레스를 주는 소리를 듣게 하고 뇌 반응을 관찰했다. 그 결과 명상 전문가들은 초보 명상가들에 비해 감정을 담당하는 편도체(Amygdala)의 활성이 더 약한 것으로 나타났다. 명상훈련 시간이 길수록 편도체가 활성화되는 정도가 더 낮았다. 명상이 감정을 담당하는 뇌 부위를 진정시켜 감정을 조절하는 데 도움이 되는 것을 알 수 있다.

명상을 할 때는 호흡 하나에만 신경을 쓰면서 처음부터 끝까지 현재에 머문다. 과거도 미래도 버리고 오직 호흡만 함께 한다. 그러면서 신체 감각을 느껴본다. 숨을 들이마실 때의 감각에 집중하고 내쉴 때의 감각을 느낀다. 숨이 몸속으로 깊이 스며들면 만사를 잊고 마음의 안정을 찾을 수 있다.

03
분노하지 않고
의견 전달하기

의견을 이성적으로 전달하라

아리스토텔레스는 『니코마코스 윤리학』에서 다음과 같이 말했다.

"누구든지, 화를 낼 수 있다. 이것은 쉽다. 그러나 올바른 사람에게, 올바른 정도로, 올바른 때에, 올바른 동기로, 올바른 방식으로 화를 내는 것은 쉽지 않다."

갈등이 생기면 무조건 이기려고 드는 사람들이 많다. 감정적인 상처를 받았다면 이를 몇 배로 되갚으려고만 한다. 예컨대 윗사람에게 부당한 대우를 받았다면 분노를 터뜨리거나 일을 태만히 해 앙갚음을 하려 든다. 이렇게 하면 후련할지는 몰라도 마음속 응어리까지 풀리지는 않는다. 오히려 스트레스가 더 심해질 수 있다. 윗사람의 감정이 상하면 결국 아랫사람이 더 힘들어지기 때문이다. 그래서 이기려고만 들지 말고 어떻게 하면 문제를 해결할 수 있을지를 고민해야 한다. 무조건 지르는 게 만사는 아니다. 일단 맞대응을 자제하고 어떻게 하면 그 상황을 잘 풀어 나갈 수 있을지 생각해 봐야 한다. 비겁해지라는 뜻이 아니다. 그냥 현실을 인정하자는 얘기다. 힘이 약한 사람이 분노를 쏟아내 보았자 더 힘들어질 뿐이다. 때를 기다리며 힘을 비축해야 한다. 세력 구도나 힘이 비슷해졌을 때 감정을 쏟아내도 늦지 않다.

화가 나면 상대방을 공격하고 싶은 게 사람의 마음이다. 하지만 상대방을 공격한다고 해서 문제가 해결되지는 않는다. 문제가되는 것은 상대방이 아니라 상대방이 보이는 몇몇 행동이다. 상대방과 싸울 게 아니라 상대방과 한편이 되어 그 문제들을 해결해야한다. 내가 느끼는 분노가 정당하다면 상대방에게 정확한 메시지를 전달해야 한다. 감정이 어느 정도 식고 나서 이성의 힘이 상황을 장악한 상태에서 말이다. 억울하고 부당한데도 그냥 참고 넘어가는 건 이후의 관계를 위해서도 좋지 않다. 예컨대 배우자가 한마디 상의도 없이 적금을 깨 차를 샀다면 가만히 있어야 할까? 직장 상사가 밤을 지새우며 준비한 프로젝트 계획서를 자신이 한 것처럼 가로채 윗사람에게 보고한다면 어떻게 할 것인가?

의견 전달은 분노를 터뜨리는 것이나 공격성과는 전혀 다르다. 단지 상대방에게 행동 변화를 요구하는 것이다. 바라는 바를 침착하게 이성적으로 전달하면 된다. 먼저 상대방을 변화시키려는 노력이 가치가 있는지를 생각해 본다. 관계가 이미 돌이킬 수 없을 정도로 깨졌는지도 살펴본다. 착취만 하는 직장 상사처럼 변화의 가능성이 없다면 관심을 기울일 필요가 없다. 상대방이 충분히 알아들을 만하고 변화의 가능성이 있을 때만 메시지를 전달한다. 진정 부당한 대우를 받았는지, 화가 난 게 정당한지도 한번 살펴본다.

화가 나 있는 상태라면 전달하는 내용이 온건하다고 해도 말투나 표정에서 공격성이 드러날 수 있기 때문에 기다리는 게 좋다. 진실하지만 담담한 표현이 나올 수 있을 때까지 우선 마음을 다스린다. 메시지를 전달할 땐 내용보다 어떤 상황에서 어떻게 전달하는지가 더 중요하다. 내용보다는 태도와 표정이 더 중요하다. 의사소통의 70%는 '비언어적 표현', 즉 표정과 몸짓, 목소리 등이 결정하기 때문이다. 상대방이 당신의 이야기를 잘 듣게 하려면 태도나 표정이 적대적으로 인식되지 않아야 한다. 내용이 공격적이지 않더라도 언짢은 얼굴이나 비꼬는 투의 목소리는 적대감을 드러낸다. 될 수 있는 한 편안한 모습을 보이는 게 좋다. 스스로 분노를 조절할 수 있다는 것을 상대방에게 보여 주면 상황을 제어하는 데 도움이 된다.

'나' 메시지로 전달하라

홍보대행사에 다니는 이재영 대리는 다국적 제약사에서 새로 출시되는 고혈압약 홍보를 따내기 위해 지난 한 달 간 밤낮 없이 일했다. 출시되는 약이 혁신적 신약으로 시장 반응이 좋을 것으로 예상돼 회사가 거는 기대가 컸기 때문이다. 홍보 제안서 작성은 이 대리가, 프레젠테이션은 같은 팀인 민기연 대리가 맡았다.

이 대리는 고심을 거듭해 최선을 다한 만큼 홍보 제안서가 거의 완벽하다고 자부했다. 그러나 프레젠테이션에서 문제가 생겼다. 전날 리허설에서 제약회사에서 할 것으로 예상되는 질문 목록을 작성하고, 동료인 민 대리가 이에 대한 답변을 철저하게 준비하기로 했다. 하지만 동료가 맡은 일을 다 해오지 않은 것이다. 거듭되는 제약회사의 질문에 민 대리는 답변을 잘하지 못했고, 프레젠테이션은 엉망이 됐다. 이 때문에 팀장으로부터 심한 질책을 받았다.

몹시 화가 난 이 대리는 민 대리에게 쏘아 붙였다.

"너 때문에 일을 다 망쳤잖아. 너는 왜 제대로 하는 일이 하나도 없니?"

그러자 민 대리도 맞받았다.

"그래. 내가 잘한 건 없지. 그렇다고 네가 잘한 건 뭔데? 제안서도 별로이던데."

일부러 준비를 소홀히 한 것도 아니고 스스로도 모멸감이 드는

데 동료가 자신을 힐난하자 민 대리도 화가 났던 것이다. 사실 민 대리는 밤새 심한 복통에 시달렸다. 매달 겪는 생리 전 증후군이었지만 이번엔 증상이 유난히 심해 진통제를 복용하고도 해결이 되지 않았다.

우린 화가 나면 자신도 모르게 주어를 '너'로 삼곤 한다. "자꾸 그렇게 할래?", "어떻게 그럴 수 있어?"처럼 말이다. 이는 전형적인 '너 전달법(You message)'이다. '너'가 주어가 되면 듣는 사람 입장에선 추궁 받고 강요당하는 느낌을 받는다. 상대방의 의견은 묻지도 않고 마음대로 행동을 평가당하는 느낌말이다. '너 전달법'으로 메시지를 들으면 당장 반감이 생기면서 방어적인 태도가 되기 쉽다. '너 전달법'으로 의견을 전할 경우 상대방이 나름 최선을 다했다고 하면 더 이상 할 말이 없다. 이미 감정은 상할 대로 상한 상태에서 말이다.

이 대리가 "너 때문에 일을 다 망쳤잖아. 너는 왜 제대로 하는 일이 하나도 없니?" 대신 "네가 조금만 더 해 줬으면 좋았을 텐데. 일이 제대로 되지 않아서 나도 기분이 좋지 않아."라고 말했다면 어땠을까? 아마 대화가 확 달라졌을 것이다.

이렇게 말하면 상대방을 공격하지 않으면서 내 감정을 드러낼 수 있다. 이런 대화법을 '나 전달법(I message)'라고 한다. 나 전달법은 주어를 '나'로 하는 말이다. "나는 네가 이제 그만했으면 좋겠어.", "네가 그렇게 하니까 내가 힘이 빠져." 등이 나 전달법이다.

윗사람에게 질책을 받았다면 이렇게 얘기할 수 있다.

"나름대로 정성을 기울였는데 실수가 있었다니 죄송합니다. 잘못된 부분을 말씀해 주시면 바로 수정하겠습니다."

직장 상사라면 부하 직원에게 이렇게 이야기하는 게 어떨까?

"수고가 많았어. 고생했네. 그런데 이 항목을 좀 더 세세하게 바꾸어 보면 어떨까? 그렇게 해 주면 내가 고맙지."

나 전달법은 나를 주어로 자신의 감정을 있는 그대로 전달하는 대화 방식이다. 상대의 행동을 지레 판단하지 않고 그 행동에 대한 내 느낌과 감정을 전달하는 것이다. 상대방은 상황에 대한 반박을 할 수는 있어도 당신이 느낀 감정은 부정할 수 없다. 이렇게 하면 상대방이 자신의 행동에 대해 한 번 더 생각해 보게 된다. 공격당한다는 느낌을 받지 않고 좀 더 편안하게 자신의 행동을 돌아볼 수 있는 것이다.

"어떻게 내게 그런 얘기를 할 수 있어?"는 "그런 얘기를 들으니 서운한 마음이 드네요."라는 나 전달법식 표현으로 바꿀 수 있다.

나 전달법은 사실, 감정, 바람의 순서로 구성된다. 먼저 사실을 전달하고 그 사실에 대한 자신의 느낌과 감정을 표현하고 마지막으로 바라는 것을 얘기한다. 사실을 전달할 때는 감정과 평가를 개입시키지 않고 신경을 거슬리게 하는 것이 무엇인지 정확하게 얘기한다. 상황을 객관적으로 묘사하는 것이다. 그리고 이것이 어떤 기분이 들게 하는지 표현한다. 이때 감정이 어떤지만 얘기하고 과장하지 않아야 한다. 그리고 상대방이 정확히 어떻게 해 주기를 바라는지 구체적으로 얘기한다.

나 메시지는 인간의 공감 능력에 기대는 대화법이다. 사람은 누구나 주위 사람이 어려움을 얘기하면 감정이 이입돼 도우려 한다. 너 전달법을 사용하면 비난이나 지시 혹은 위협으로 들리기 쉽다. 그러면 상대방의 감정의 뇌인 변연계가 자극된다. 상대방은 도피 혹은 투쟁 반응을 보여 아예 반응을 보이지 않거나 맞서게 된다. 반면 나 전달법은 상대방으로 하여금 공감의 뇌이자 이성의 중추인 전두엽을 활성화시키게 한다. 감정보다는 이성으로 대응케 하는 것이다. 두 뇌가 맞부딪히지 않고 서로 공명하면서 만들어 내는 하모니는 문제 해결의 실마리를 제공한다.

전두엽을
단련시켜라

01

분노 조절 센터,
전두엽

전두엽은 충동 조절의 중추다

1848년 9월 미국의 버몬트 주에서는 철로를 놓는 공사가 한창이었다. 당시 공사장에서 일하던 25세의 청년 피니어스 게이지(Phineas Gage)는 치명적인 사고를 당했다. 쇠 지렛대가 뇌를 관통한 것이다. 폭발로 튀어 오른 지렛대는 게이지의 머리를 뚫고 2미터쯤 날아가다 땅에 처박혔다. 게이지는 목숨은 건졌지만, 성실하고 상냥한 성격의 청년은 폭발 사고와 함께 사라졌다. 게이지는 참을성이 없고 충동적이며 사람들과 쉽게 시비가 붙는 등 행동에 큰 변화를 보였다. 밥을 먹거나 옷을 갈아입는 등의 일상적인 행동에는 문제가 없었지만, 논리적으로 생각하고 예측하고 정확한 판단을 하는 능력은 잃어버렸다. 사람이 완전히 변해 버린 것이다.

당시 사고 현장에 도착한 의사는 사고 직후 의식을 차리고 말하던 게이지를 묘사했다.

"게이지는 일어나 구토를 했다. 자꾸 구역질을 하자 찻숟가락 반 개 분량의 뇌 조직이 튀어나와 바닥에 떨어졌다."

이때 사라진 게이지의 뇌 조직은 전두엽이었다. 그를 치료했던 의사는 이후 학술지에 전두엽의 상당 부분을 잃은 게이지의 변화에 대해 사례 보고를 했다.

"상사가 말하기를 사고 전의 피니어스 게이지는 아주 효율적으로 일하고 자기 일을 잘 맡아서 하는 사람이라고 했다. 그는 사고 이후 변덕스럽고, 부적절한 행동을 하고, 말도 안 되는 일에 몰두하고, 동료들을 존중하지 않으며, 작은 갈등에도 물러설 줄을 몰랐다. 그리고 어떨 때에는 집요하고, 고집을 부리며, 타협이 되지 않을 뿐 아니라 쉽게 결정을 내리지 못하고 우유부단해졌다. 그는 전과 완전히 달라졌기에 동료들은 '더 이상 게이지가 아니다.'라고 했다."

게이지를 통해 전두엽이 인간의 사고와 논리, 충동 조절의 중추라는 사실이 밝혀졌다. 게이지를 인간답게 만들어 준 부분은 찻숟가락 몇 개 분량의 뇌 조직, 즉 전두엽이었다. 전두엽 일부가 땅 바닥에 떨어지자 게이지의 인간성도 추락했다.

니콜라스 케이지 주연의 영화 「다잉 오브 더 라이트(Dying of the light)」는 난치병을 앓는 첩보요원의 마지막 작전을 그린 영화다. 오래전에 현장을 떠난 CIA 요원 에반 레이크(니콜라스 케이지 분)는 은퇴를 얼마 남겨 두고 사무실 근무를 하던 중, 20여 년 전에 자신을 고문했던 테러리스트의 행적을 우연히 알게 된다. 레이크는 이 테러리스트를 잡는 걸 마지막 임무로 생각하고 그의 뒤를 쫓으면서 고군분투한다.

레이크는 전두엽 치매라는 치명적인 병을 앓고 있었다. 레이크는 평소와 달리 사소한 일에 분노를 터뜨렸다. 감정 조절이 잘되지 않아 소리를 고래고래 지르고 물건을 집어 던졌다. 레이크는 원래 차분하고 치밀한 성격이었다. 웬만해선 화를 내지 않는 편이었다. 전두엽이 손상되면서 화를 억제하고 분노를 조절하는 기능이 떨어지자 레이크의 성격이 바뀐 것이다.

전두엽은 외부 자극과 속 뇌를 통해 올라오는 내부 욕구를 통합하고 조절하는 사령탑이다. 특히 감정을 제어하고 충동을 억제하는 역할을 한다. 게이지처럼 전두엽이 망가지면 참을성이 사라지면서 충동적으로 변한다. 만취한 사람도 마찬가지다. 술은 뇌 기능을 억제해 마비시킨다. 가장 먼저 기능이 떨어지는 게 전두엽이다. 전두엽의 제어 기능이 사라지는 것이다. 이때 공격적인 충동이나 성적인 욕구가 가감 없이 튀어나온다. 술을 마시고 각종 사고가 빈발하는 건 이 때문이다.

분노와 같은 감정은 뇌의 깊은 곳에 있는 감정 영역이 자극돼 생긴다. 감정중추인 변연계에 알람이 울리면 그 정보는 전두엽으로 전달된다. 예컨대 이런 식이다.

"전두엽, 가슴이 뛰고 열 받는데 이 상황을 평가해 봐. 어떻게 해야 돼?"

그러면 전두엽은 인지적으로 상황을 평가해 변연계에 피드백을 한다. 뇌의 윗부분인 사고 중추 전두엽에서 시작된 신경회로가 뇌의 깊숙한 곳에 위치한 변연계에 이르기 때문이다.

전두엽은 기억과 경험을 동원해 상황과 사회적 맥락을 평가한다. 상황에 대한 정확한 이해를 바탕으로 충동을 평가하고 감정에 브레이크를 건다. 그래서 충동대로 할 것인지 가장 효과적인 것을 선택할 것인지를 비교해 결정한다. '소리 지르고 한 번 붙어볼까?' 아님 '일단 참았다가 나중에 조용히 이야기할까?' 둘 중 하나를 선택하는 것이다. 전두엽은 다듬어지지 않은 충동을 제어하면서 상황에 유리한 행동을 하게끔 유도한다. 적어도 후회할 만한 행동이나 말을 하지 않도록 만들어 주는 것이다.

전두엽이 이끄는 뇌를 만들자

국내 유수의 대기업에서 전무로 승승장구하던 50대 중반의 최 모 씨. 부사장 진급을 얼마 앞두고부터 사람이 조금씩 이상해졌다. 온화한 성격에 아랫사람들을 잘 배려해 신망이 두터웠던 그가 갑자기 부하 직원들에게 화내는 일이 잦아졌다. 정확한 단어를 떠올리지 못하고 머뭇거리는 통에 부하 직원이 잘 알아듣지 못하면 서류를 집어 던지면서 역정을 냈다. 평소답지 않게 여직원에게 과한 성적 농담을 건네기도 했다. 회의를 하면 막무가내로 우기기 일쑤였고 마음에 들지 않으면 버럭 소리를 질렀다. 주위에서는 나이가 들면서 성격이 이상해졌다고 수군댔고, 시간이 갈수록 정도는 더 심해졌다. 결국 부인과 함께 병원을 찾은 최 전무는 전두엽 치매라는 진단을 받았다.

최 전무처럼 전두엽이 망가지면 분노 조절이 어려워진다. 더군다나 분노는 뜨겁고 잘 길들여지지 않는 감정이다. 오랜 세월 동안 인류의 생명을 지켜주었기에 다루기가 쉽지 않다. 그러나 더이상 자연환경이 생명을 위협하지 않는 현대 사회에서 분노는 우리를 위험에 빠뜨린다. 관계를 단절시키고 건강을 해친다.

변연계와 전두엽의 연결은 대칭적이지 않다. 변연계에서 전두엽에 이르는 길이 고속도로라면 전두엽에서 변연계로 가는 길은 비포장도로다. 변연계가 전두엽에 미치는 영향이 전두엽이 변연계를 조절하는 힘보다 훨씬 강하다. 불안과 공포, 분노와 같은 감정은 생존과 연관이 깊기 때문에 수백만 년에 걸친 진화 과정에서 감정의 중추인 변연계가 발달했다. 뇌는 일단 위협이 감지되면 경보를 울린다. 전두엽은 변연계를 움켜쥐고 통제하려 하지만 역부족인 경우가 많다. 감정에 불이 붙으면 그 불은 정말 끄기가 어렵다.

우리 뇌의 기억창고엔 자동화된 생각이나 감정, 행동이 저장돼 있다. 뇌는 어떤 행동이 우리를 위험에서 보호했는지를 저장하고 나중에 비슷한 상황이 닥쳤을 때 자동으로 대처할 수 있게 한다. 머뭇거리다 보면 생명이 위협받을 수 있기에 지체 없이 반응하기 위해서다. 여러 번 반복하다 보면 뇌 신경세포들이 연결되고 이 행동이 머릿속에 남는다. 그래서 굳이 생각하지 않아도 자동으로 행동이 튀어나온다. 이렇게 자동화된 행동이 습관이다. 예컨대 앞선 차가 갑자기 속도를 줄이면 복잡한 수학적 계산을 하지 않아도 속도를 줄여야 할지 급하게 브레이크를 밟아야 할지를 금세 아는 식이다.

이런 자동적인 행동방식이 없었다면 인류는 살아남지 못했을 것이다. 위험이 닥칠 때마다 상황을 파악해 대처한다면 이미 늦기 때문이다. 하지만 이런 습관화된 행동이 항상 이롭지만은 않다. 그 중 하나가 잘못된 감정 습관이다. 화를 내는 것도 습관이다. 원시시대와 같이 열악한 자연환경에서 생존하기 위해선 화를 내는 습관이 적응적이었을지도 모른다. 유약한 인간은 굶어 죽거나 짝을 찾지 못해 유전자를 남기지 못했을 것이다.

하지만 현대 사회에서 화를 내는 습관은 결코 적응적이지 않다. 화가 날 때마다 폭발한다면 사람들에게 배척당하고 더 이상

사회생활을 해 나가기 힘들다. 화를 내는 습관을 바꾸기 위해선 전두엽을 단련해야 한다. 전두엽은 변연계에서 올라오는 감정적 신호와 신체 반응을 분석해 어떤 행동을 할지 결정한다. 습관은 이런 분석 과정을 거치지 않은 자동화된 행동이다. 전두엽의 기능이 활성화되면 분석과 제어 기능이 발달해 습관을 바꿀 수 있다.

이제 우리는 전두엽이 이끄는 뇌를 만들어야 한다. 전두엽을 발달시키면 원시적 본능을 억제하고 좋은 관계를 만들어 나갈 수 있다. 다른 사람을 바꾸는 것은 불가능하다. 하지만 자신의 뇌는 얼마든지 개발할 수 있다. 이성적인 전두엽을 이용하면 분노를 현명하게 다스릴 수 있다. 변연계에 휘둘리면서 냉정을 잃기보다 뒤로 한 발 물러서서 전두엽이 상황을 조절하게 해야 한다.

성난 얼굴은 분노를 부른다. 화가 난 표정을 본 상대방은 변연계에 경보가 울리면서 극도의 경계심을 품는다. 화가 나더라도 내가 전두엽을 이용해 감정을 조절하면 상대방도 전두엽을 통해 반응을 억제한다. 나의 뇌 반응이 거울처럼 상대방에게 비춰지는 것이다. 내가 전두엽을 이용하면 상대방 역시 전두엽을 활성화시킨다. 어찌할 수 없는 뇌에서 자신의 의지를 따르는 뇌로 바꾸는 노력이 분노 조절의 첫 걸음이다.

02
전두엽을
단련시키는 방법

전두엽도 단련시킬 수 있다

열심히 근력운동을 하면 근육이 붙는다. 뇌도 마찬가지다. 무엇을 보고 듣고, 생각하느냐에 따라 뇌 신경세포 간의 연결이 변한다. 이를 '신경세포의 가소성(neural plasticity)'이라고 한다. 신경세포는 수상돌기라는 가지를 내어 다른 신경세포와 연결을 한다. 뇌가 자극을 받으면 이런 연결이 증가하는 것이다.

런던은 길이 복잡하기로 유명하다. 오래된 길 사이로 수많은 골목들이 촘촘히 이어져 있다. 수세기 전에 개통된 길들이 그대로 유지되고 있어 예측할 수 없는 도로망으로 악명이 높다. 그래서 런던에서 택시 기사 일을 하려면 복잡한 도로망 속에서 두 지점을 연결하는 가장 빠른 길을 찾아내는 능력을 갖춰야 한다. 이런 복잡한 길들을 숙지하고 있어야 택시 운전기사 자격증을 취득할 수 있다. 런던 시내 수천 곳을 헤매지 않고 정확하게 찾을 수 있어야 하는 것이다. 모든 우회로와 일방통행을 포함한 도로망을 제대로 파악하려면 2년 정도가 걸린다고 한다. 택시 기사 자격증 시험에서도 그 부분을 가장 집중적으로 테스트한다.

런던 대학교의 맥과이어 박사가 런던의 택시 운전기사를 대상으로 뇌 MRI 촬영을 했다. 조사 결과 택시 운전기사들의 해마가 일반인보다 더 컸다. 운전 경력이 긴 숙련된 기사일수록 해마의 크기가 컸다. 해마는 기억을 관장하는 뇌 중추로 위치 기억과 밀접한 연관이 있다. 오랜 훈련에 의해 해마의 신경세포의 수와 연결이 그만큼 늘어났다는 것을 의미한다. 매일 길을 찾는 자극이 뇌를 변화시킨 것이다. 머리를 쓰면 쓸수록 뇌 신경세포 간의 연결이 늘어난다는 의미다.

반복적인 훈련이 뇌를 변화시킨다는 또 다른 연구 결과도 있다. 20대 일반인에게 서커스에서 하는 저글링을 3개월간 연습시켰다. 평생 한 번도 저글링을 해 본 적이 없는 사람들이었다. 훈련 전후 뇌의 변화를 MRI를 통해 관찰한 결과, 대뇌피질의 옆 부분인 측두엽 일부가 두꺼워진 것으로 나타났다. 신경세포가 그만큼 늘어난 것이다. 이후 3개월간 저글링을 하지 못하게 한 뒤 뇌를 관찰했더니 놀랍게도 두꺼워졌던 뇌 부위가 다시 원상태로 돌아갔다. 이처럼 뇌는 근육처럼 두꺼워지기도 하고 줄어들기도 한다. 전두엽도 단련을 하면 얼마든지 충동 조절 기능을 높일 수 있다.

분노는 매우 강력한 감정이어서 항상 대가가 따른다. 큰 손해를 보기도 하고 관계를 완전히 망칠 때도 있다. 상대방을 쓰러드린다고 해서 쌓인 감정이 해소되는 것도 아니다. 전두엽의 조절 기능이 떨어져 변연계에 휘둘리면 손해를 보거나 후회만 남는다. 원하는 것을 얻으려면 일단 전두엽의 힘을 빌려 분노를 다스린 뒤 전략을 세워 접근해야 한다.

규칙적으로 운동하라

뇌는 많은 에너지를 필요로 한다. 1.4킬로그램에 불과한 뇌는 신체에서 차지하는 비율이 2~3%에 불과하지만, 전체 에너지의 20%를 사용한다. 그만큼 산소와 영양분 공급이 중요하다. 뇌는 혈액 공급이 4분만 멈춰도 돌이킬 수 없을 정도로 손상을 받는다. 혈액이 잘 공급되는 게 필수적이라는 얘기다. 그래서 뇌혈관을 튼튼하게 유지하는 것이 무엇보다 중요하다. 뇌혈관에 가장 좋은 것은 규칙적인 운동이다. 운동은 혈압과 혈당, 콜레스테롤을 떨어뜨려 뇌혈관을 젊게 만든다. 걷기와 같은 유산소 운동은 심장을 튼튼하게 해 더 많은 혈액이 전두엽으로 흘러 들어가도록 돕는다. 산소와 영양분이 풍부해야 뇌세포는 최적의 기능을 유지한다.

미국 피츠버그 의과대학 연구진이 60세 이상 노인 120명을 대상으로 6개월간 빠른 걸음을 걷는 실험을 진행했다. 뇌 영상을 촬영한 결과, 운동을 한 노인들의 전두엽피질과 해마의 용적이 평균 2% 증가했다. 걷기 운동을 한 노인들은 기억력과 주의력, 언어 능력 등의 인지 기능도 월등히 뛰어났다. 운동을 하면 뇌세포의 성장을 촉진하는 'BDNF(brain derived neurotrophic factor)' 단백질이 더 많이 만들어진다. BDNF는 신경세포를 건강하게 하고, 지적 능력을 향상시킨다.

운동은 변연계에 쌓인 감정의 찌꺼기, 즉 스트레스를 날리는 역할도 한다. 변연계에 묵은 감정들이 하나둘 쌓이면 전두엽이 점점 감당하기 힘들어진다. 운동을 통해 에너지를 발산함으로써 변연계를 닦아 내고 전두엽의 나사를 조일 수 있다.

음주와 흡연을 자제하라

흡연이 폐에만 주로 영향을 미친다고 생각하는 사람이 많다. 그러나 흡연은 뇌 기능도 손상시킨다. 담배를 피워 본 사람들은 알겠지만, 아침에 첫 담배 연기를 흡입하면 바로 뇌에서 신호가 온다. 어찔하면서 띵한 느낌말이다. 니코틴이 순식간에 혈액으로 녹아들어 뇌에 있는 니코틴 수용체에 결합한 결과다. 니코틴뿐만이 아니다. 담배 연기에는 4천여 가지의 화학물질이 들어 있는데 이 물질들 역시 마찬가지다. 혈액 속으로 녹아 든 담배 속 유해물질들은 뇌혈관을 손상시켜 동맥경화를 일으킨다. 니코틴은 혈관을 수축시키는 작용이 있어 담배를 피우면 전두엽으로의 혈액 공급이 줄어든다. 동기 유발과 계획 설정, 실행 기능 등 복잡한 일을 하는 전두엽은 영양분이나 산소 공급이 조금만 줄어도 영향을 받는다. 동맥경화로 좁아진 뇌혈관이 자주 수축하면 전두엽은 점차 기능이 떨어진다.

영국 킹스 칼리지 런던의 알렉스 드리건(Alex Dreagan) 박사는 흡연이 기억과 학습, 기획 능력 등 인지 기능을 떨어뜨린다는 연구 결과를 발표했다. 영국에서 50세 이상 8만 8천 명을 대상으로 지난 2004년부터 진행 중인 노화에 관한 추적관찰 자료를 분석한 결과다. 고혈압도 뇌 기능을 저하시키는 것으로 나타났지만 흡연에 비하면 그 정도가 덜 했다. 담배를 피우는 사람은 4년 만에 기억과 기획 능력 등의 인지 기능이 모두 떨어졌다. 이에 비해 고혈압 환자는 8년 뒤에 인지 기능이 낮아졌다. 이는 흡연이 고혈압보다 뇌 기능에 훨씬 더 나쁜 영향을 미친다는 사실을 보여 준다. 담배를 멀리해야 전두엽 기능을 건강하게 유지할 수 있다.

술도 전두엽에 나쁜 영향을 미치는 건 마찬가지다. 알코올이 뇌에 미치는 영향을 극적으로 보여 주는 것이 이른바 '필름 끊기는 현상', '블랙아웃(black out)'이다.

기자 생활을 하면서 술자리가 많아지다 보니 '블랙아웃' 현상이 생기기 시작했다. 처음에는 듬성듬성 필름이 끊기더니 이젠 아예 몇 시간 동안 기억이 없는 경우도 있다. 걱정 끝에 다음날 술자리에 동석했던 동료들에게 전화를 걸어 "별 일이 없었지?"라고 묻곤 한다. 평소와 다름없었다는 얘기에 가슴을 쓸어내리지만, 기억을 잃은 몇 시간이 무척 곤혹스럽다.

기억은 존재에 지속성과 의미를 부여한다. 기억이 없다면 존재하지 않은 셈이다. 블랙아웃은 기억을 담당하는 뇌 부위인 해마가 일시적으로 기능을 잃어 생긴다. 술을 '흥분제'라고 알고 있는 사람이 많지만, 사실 술은 '억제제'다. 과음을 하면 흥분을 하거나 난폭해지기 쉽다. 동물적인 본능을 조절하는 전두엽의 제어 기능을 알코올이 억제하기 때문이다. 술은 기억을 담당하는 '해마'도 억제하는데, 이때 나타나는 현상이 바로 '블랙아웃'이다. 술이 기억을 담당하는 '해마'라는 부위를 마비시켜 필름이 끊기는 것이다. 전두엽도 마찬가지다. 습관적으로 과음을 하면 충동을 조절하는 전두엽 기능이 약해진다. 알코올은 직접적으로 뇌 세포를 파괴하기도 한다. 과음은 간뿐만 아니라 뇌에 독으로 작용하는 것이다. 전두엽을 건강하게 유지하려면 과음은 삼가야 한다.

명상을 많이 하라

명상을 하면 뇌에 변화가 나타난다. 뇌의 활동은 기본적으로 전기적 활동이다. 뇌는 신경 세포 간에 전기적 신호를 주고받아

정보를 전달한다. 뇌의 전기적 활동을 측정한 것이 뇌파다. 뇌파의 변화를 측정하면 마음의 변화도 유추할 수 있다. 잠을 잘 때는 초당 1~4의 주파수를 보이는 느린 델타(δ)파가 나타난다. 안정 상태에서 편안하게 휴식을 취할 때는 초당 8~13의 주기인 알파(α)파가 나타난다. 초당 4~8의 느린 주기를 보이는 뇌파인 세타(θ)파는 졸리거나 잠에서 깰 때 잠깐 나타난다. 깨어 있는 상태에서 문제를 해결하거나 통찰을 경험할 때 세타파가 나타나기도 한다. 명상하는 동안 나타나는 뇌파도 세타파다. 오랫동안 명상을 해 온 사람은 평소에도 세타파를 쉽게 보여 줄 수 있다고 한다. 세타파는 직관적인 깨달음이나 창의적인 생각과 연관이 있다. 명상은 세타파를 발생시켜 뇌 기능을 업그레이드한다.

기능적 자기공명영상장치로 촬영하면 실시간으로 뇌의 활동을 볼 수 있다. 미국 토머스 제퍼슨 의과대학 앤드류 뉴버그(Andrew Newberg) 박사 팀이 티베트 승려들의 뇌를 평상시와 명상할 때로 구분해서 촬영했다. 그 결과 명상할 때 뇌의 전두엽이 평상시보다 훨씬 활성화되는 것으로 나타났다. 특히 주의 조절과 대인 관계의 중추인 전측대상피질이 많이 활성화됐다. 명상을 많이 하면 주의 조절 능력과 공감 능력이 좋아질 수 있음을 의미한다. 사람과 사람 사이의 상호 작용은 고급스러운 주의 조절 과정이다. 주의 조절 기능과 공감 능력이 향상된다면 분노를 조절하는 데 분명 도움이 된다.

명상이 스트레스를 줄여 기분을 좋게 한다는 사실도 뇌 연구를 통해 확인됐다. 미국 위스콘신 대학교의 리처드 데이비슨(Richard Davidson) 박사가 1만 시간 이상 명상 수행을 해 온 티베트 승려 175명의 뇌를 기능적 자기공명영상장치로 촬영했다. 이들의 뇌를 살펴보니 좌측 전두엽의 활동이 우측 전두엽에 비해 두드러진 것으로 나타났다.

좌측 전두엽이 활성화되면 기분이 좋아지고 열정이 생긴다. 반대로 오른쪽 전두엽이 활성화되면 고민이 많아지면서 우울이나 불안 증세를 보인다. 우울증 환자들의 뇌를 촬영하면 좌측 전두엽의 활성이 떨어지고 우측 전두엽이 활성화돼 있다. 명상 수행을 해 온 티베트 승려들의 뇌는 우울증 환자와는 정반대로 좌측 전두엽의 활동이 우세했다. 오랜 명상 수행이 전두엽의 활동을 바꿔놓아 편안한 마음으로 이끈 것이다. 마음이 편안하고 행복해지면 열 받는 일이 생겨도 좀처럼 화를 내지 않는다. 그만큼 여유가 생기기 때문이다.

비단 수행을 하는 승려뿐만이 아니다. 보통 사람도 명상을 하면 좌측 전두엽의 기능이 우세해진다는 연구 결과가 있다. 미국 하버드 대학교 의과대학의 사라 라자(Sara Lazar) 박사가 언론인 등을 대상으로 하루 40분씩 길게는 1년 정도 명상을 하게 했다. 그 결과 대부분 스트레스가 줄어 기분이 나아지고 주의집중력이 좋아졌다.

더 흥미로운 것은 이들의 뇌에 구조적인 변화가 생겼다는 사실이다. 자기공명영상장치로 뇌를 촬영한 결과 감정 조절을 담당하는 전두엽피질이 0.1~0.2mm 더 두꺼워진 것으로 나타났다. 이처럼 명상은 전두엽을 자극해 스트레스를 완화하고 감정을 조절하는 데 큰 도움이 된다. 명상이 전두엽의 기능과 구조를 바꿀 수 있다는 사실은 이미 뇌 과학 연구를 통해 입증됐다.

의미 있는 관계를 맺어라

운동, 명상 등도 효과가 있지만, 뭐니 뭐니 해도 전두엽을 활성화시키는 최고의 자극제는 사람과의 관계다. 관계를 잘 맺고 유지하기 위해 발달시킨 뇌가 바로 전두엽이다. 관계를 이어가려면 충동을 조절하고 상대방을 잘 살피며 감정을 전달할 수 있어야 한다. 이 모든 기능을 전두엽이 담당한다. 전두엽에 기반을 둔 상호 협력이 진화 과정에서 인간의 생존을 이끌어 온 원동력이다. 인간의 전두엽이 다른 동물들에 비해 유난히 발달한 건 이 때문이다.

일상적으로 만나는 사람들에 대해 궁금증을 가져 본 적이 있는가? 그가 누구인지, 또 그들이 세계를 어떻게 바라보는지 말이다. 이웃이라도 그들의 삶에 관해 모르는 경우가 많다. 여러 해 동안 같은 직장에서 근무하는 동료의 내면 역시 수수께끼다. 날

마다 만나는 카페 점원이지만 주고받는 말은 항상 똑같다.

호기심은 타인에 이르는 문을 열어 주는 열쇠다. 누구나 낯선 사람에 대해 경계심을 갖기 마련이지만 낯선 사람에 대한 호기심은 전두엽을 강하게 자극한다. 사람에 대한 호기심을 잃으면 관계는 위축된다. 전두엽에 가해지는 자극 역시 그만큼 줄어든다.

이 사람 저 사람 두루 만나는 것도 좋지만, 단 몇 사람이라도 의미 있는 관계를 맺는다면 전두엽 발달에 더 도움이 된다. 의미 있는 관계란 피상적인 만남에 그치지 않고 감정적 교류, 즉 희로애락을 나눌 수 있는 사이를 말한다. 사람의 말에 귀를 기울여야 감정적 교류의 물꼬를 튼다. 의미를 파악하려면 말뿐만 아니라 표정과 몸짓, 행동 등을 잘 살펴야 한다. 그 사람과 감정을 나눈다면 이미 공감하고 있다는 뜻이다. 주의 집중과 공감, 감정적 교류, 이것이 전두엽 기능의 핵심이다. 깊고 의미 있는 대인 관계 경험이 많을수록 전두엽은 더 활성화된다.

목표를 세우고 일에 집중하라

목표를 세우고 일을 성취하기 위해선 다양한 능력이 필요하다. 먼저 과거의 경험이나 지식을 바탕으로 현재의 상황에 맞는 계획을 세워야 한다. 목표한 일을 이루기 위해선 감정을 조절하고 재미있는 일이라도 자제할 수 있어야 한다. 중요한 것과 덜 중요한 것의 순위를 정하고 집중하는 능력도 필요하다. 이를 '실행 기능(executive function)'이라고 하는데, 실행 기능의 중추 역시 전두엽이다. 전두엽은 오케스트라의 지휘자처럼 여러 뇌 기능을 조율하는 역할을 한다. 인간의 특징이 바로 고도로 발달된 전두엽이다.

전두엽의 바깥쪽인 배외측전전두피질(dorsolateral prefrontal cortex)은 사고와 판단을 하는 이성적인 뇌의 영역이다. 전두엽 아래쪽에 위치한 복내측전전두피질(ventromedial prefrontal cortex)은 감정과 충동을 조절하는 자제력의 중추다. 이 두 곳이 조화롭게 잘 기능해야 지루하더라도 자제력을 발휘하면서 목표를 이뤄나갈 수 있다. 주어진 시간을 예상하고 마감 시간에 맞출 수 있는 능력, 상황에 따라 계획을 수정할 수 있는 융통성 역시 실행 기능이다. 살면서 맞닥뜨리는 다양한 상황에 적응하려면 실행 기능을 잘 발휘해야 한다. 전두엽의 실행 기능이 좋을수록 생활이 효율적이고 만족감과 성취감이 높아진다. 하지만 작은 유혹에 흔들리고 의지는 약한 게 사람이다. 운동이나 다이어트 계획은 미루다가 작심삼일로 끝나기 십상이다.

거창한 계획일수록 실패하기 쉽다. 변화를 실행의 단계로 옮기기 위해선 단순하고 쉬운 일부터 시작하는 게 좋다. 작은 계획이라도 세우고 성취하는 경험이 쌓이면 전두엽의 실행 기능은 차츰 나아진다. 조그마한 만족감이 더 큰 변화를 위한 계기로 이어진다. 한두 번 실패했다 하더라도 포기하지 않고 다시 목표를 세워 도전해 본다. 매일 해야 할 일의 목록을 작성해 할 일을 내일로 미루지 않는다. 설사 조금 게으름을 피웠다고 해도 포기하진 않는다. 목표를 달성했을 때의 즐거움을 상상하면 변화가 더 쉬워질 것이다. 목표를 세우고 그 일에 집중해 성취하는 경험은 잠자고 있는 전두엽을 흔들어 깨운다.

제6장

공감 회로를
활성화시켜라

01
이타심은 진화의
결과다

공감은 인간을 인간답게 한다

우리는 스스로 만물의 영장이라고 생각한다. 다른 종과는 확실히 다른 높은 지능과 관계 맺기 능력을 갖고 눈부신 문명을 이루었기 때문일 것이다. 무엇이 인간을 다른 동물들과 확연히 구분해 줄까? 언어와 도구를 사용하고 사회적인 행동을 한다는 것을 들 수 있다. 그러나 이건 인간에게만 나타나는 특징이 아니다. 침팬지도 제한적인 수준이기는 하지만, 막대기 같은 도구를 사용해 먹잇감을 구한다. 돌고래 같은 많은 포유동물이 자신들만의 언어로 소통을 한다. 인간 외에도 많은 종이 무리지어 살면서 포식자에 대항하고 번식을 한다.

최근에 공감이 강조되면서 나누는 마음과 협력 행동이 인간과 다른 종을 가르는 결정적인 특징이라는 주장이 나오고 있다. 하지만 다른 종도 어려움에 빠진 동료를 돕는다. 중앙아메리카에 사는 흡혈박쥐는 무리 지어 살면서 서로에게 직접적인 도움을 준다. 흡혈박쥐는 자고 있는 동물의 피를 빨아먹고 사는데 40시간 동안 먹이를 먹지 못하면 죽는다. 박쥐들은 동료가 먹이를 구하지 못해 굶고 있으면 자신이 삼킨 피를 토해 나눠 준다. 나중에 혹시 자신이 굶게 되면 자신에게 도움을 받았던 동료들이 거꾸로 피를 나눠 준다. 혹시 모를 나중을 대비하는 보험인 셈이다. 그러나 이런 이타적인 행동은 굶을 경우에 대비한 생존 전략에 불과하다. 다른 이타적인 행동으로 확장되지는 않는다.

교토 대학교의 영장류 연구소는 침팬지를 대상으로 실험을 했다. 인접한 우리 속에 침팬지가 각각 한 마리씩 들어 있다. 한쪽 우리 안에는 침팬지가 좋아하는 주스를 갖다 놓았는데 막대기를 이용해 끌어당기지 않으면 먹을 수가 없다. 안타깝게도 막대기는 주스가 없는 다른 우리 안에 있다. 침팬지는 주스를 마시기 위해 막대기를 갖고 있는 옆 우리 침팬지에게 손을 내민다. 반응을 보이지 않자 손뼉을 치고 소리를 질러 상대의 주의를 끌려고 애쓴다.

어떻게 됐을까? 상대방은 동료 침팬지를 보고 막대기를 건넨다. 곤경에 빠진 동료를 돕는 것이다. 그러나 그 다음 행동은 이해하기 힘들다. 상대방에게 빌린 막대기로 주스를 차지한 침팬지는 주스를 혼자 다 마셔 버렸다. 상대의 도움으로 얻은 주스를 나누지 않고 혼자 다 차지해 버린 것이다. 더 놀라운 것은 같은 현상이 계속 반복되었다는 사실이다. 상대 원숭이가 주스를 나누지 않으면 더 이상 막대기를 빌려 주지 않겠다고 거부하지 않은 것이다.

이처럼 침팬지의 도움 행동엔 한계가 있다. 침팬지는 동료를 돕긴 하지만, 서로 돕지는 않는다. 내가 도움을 받았다고 해서 이후에 되갚지도 않고 대가를 요구하지도 않는다. 침팬지는 지금 눈앞에 벌어지는 일에만 신경을 쓴다. 지금 눈앞에 있는 일에 대해선 공감할 수 있다. 그러나 눈앞에 없는 것에 대해선 공감하기 어렵다. 예컨대 지구 반대편 아프리카에서 가난과 질병에 시달리는 어린이들의 고통을 나의 고통으로 여기지 못하는 것이다.

침팬지와 달리 인간은 도움을 받기 때문에 서로 돕는다. 남을 위해 뭔가를 해 줘도 바로 되돌려 받기는 힘들다. 어느 정도 시간이 지나야 이득이 생긴다. 침팬지는 미래를 내다보지 못한다. 언젠가는 내가 준 도움이 내게 되돌아올 수 있다는 사실을 알지 못한다. 참고 기다리려면 다른 사람의 마음을 읽고 동화되는 공감 능력이 필요하다. 다른 사람에게 도움을 주면 그 사람이 행복해진다. 내가 행복한 건 아니지만 공감 능력이 있으면 타인의 마음이 자신의 마음처럼 느껴진다. 타인의 기쁨을 내 기쁨으로 느낄 수 있다. 마음 읽기와 공감 능력은 인간을 인간답게 만드는 가장 큰 특성이다.

도움을 주면 내가 행복해진다

공감 능력은 어떻게 발달했을까? 아프리카 숲을 나온 인류의 먼 조상은 초원에서 직립 보행을 시작했다. 직립 보행을 하면 골반이 좁아진다. 게다가 인간의 뇌는 점점 커졌다. 다른 동물에 비해 출산하기 매우 힘들게 된 것이다. 그만큼 인간의 아기는 귀한 존재였다. 다른 종들은 출생 후 얼마 지나지 않아 어미의 도움 없이도 생존이 가능하다. 이에 비해 인간의 아기는 철저히 무력한 존재다. 아기는 다른 사람의 보살핌 없이는 생존이 불가능하고 보살핌이 필요한 기간 또한 매우 길다.

초원으로 진출한 초기 인류는 항상 먹을 것이 부족했고 맹수의 위협에 시달리면서 사망률이 높았다. 번번이 멸종 위기에 처했을 가능성이 높다. 낳기도 어려운데 양육 환경 또한 녹록치 않으니 인간은 양육의 책임을 엄마에게만 맡길 수 없었다. 그래서 아빠뿐만 아니라 할아버지, 할머니, 삼촌, 이모까지 양육에 참여했다. 여럿이 함께 아이를 돌보는 것이 호모 사피엔스의 자녀 양육 방식이다. 어른들이 협력해서 키우면 젖을 떼자마자 아이를 계속 낳을 수 있다. 이런 자녀 양육 방식이 인간 협력 행동의 밑바탕이 되었다.

침팬지는 안전한 숲에 머물러 삶으로써 협력 행동을 넓히지 못했다. 인류는 침팬지와 함께 살던 숲을 떠나 초원으로 진출함으로써 협력하지 않고는 살아갈 수 없는 존재가 되었다. 인간은 마음을 나누고 다른 사람을 돕는다. 나누는 마음과 이타심은 인간 특유의 것이고 힘든 초원에서의 생활이 그 초석이 됐다. 살아가는 동안 누군가를 한 번만 만난다면 속여서라도 이득을 취하는 게 이롭다. 하지만 같은 상대를 여러 번 다시 만날 가능성이 있다면 공생을 택하는 편이 낫다. 이타심은 공생 전략을 채택한 호모 사피엔스의 산물이다.

'던바의 수'라는 용어를 들어 본 적이 있는가? 던바의 수는 인간이 관계를 맺고 사는 집단의 크기를 말한다. 그 크기는 150여 명으로 밝혀졌다. 영국 옥스퍼드 대학교의 인류학자 로빈 던바(Robin Dunbar) 박사는 세계 각지를 돌아다니면서 수렵 채집인 집단 20개를 조사했다. 그 결과 평균적인 집단 크기는 153명이었다. 각자 생활을 하지만 사냥터와 물을 긷는 곳이 같고 때로 모여서 축제와 의식을 치르는 사람들끼리 이루는 네트워크 크기가 153명이었다.

사람은 얼굴을 알고 서로를 구분할 수 있는 범위 안에서만 무리를 이룰 수 있다. 누가 누구인지 알 수 없다면 안전이 담보되지 않기 때문이다. 150명의 얼굴을 세세히 기억하고 구분한다는 것은 인간 뇌의 용량으로도 쉽지 않은 일이다. 사고나 기억을 담당하는 대뇌피질의 크기가 집단의 규모와 상관이 있는 이유다.

인류의 조상은 아프리카 정글에서 10명 이내의 소규모로 무리를 지어 생활했다. 정글에서 초원으로 진출한 인류의 조상은 자신을 보호하고 먹이를 찾기 위해 집단의 크기를 늘려 갔다. 함께 생활하는 집단의 크기가 팽창하던 이 시기 동안 인간의 뇌 또한 급격히 커졌다. 집단 안의 다양한 사람과 교류가 늘면서 다른 사람의 생각과 의도를 파악하기 위해선 더 높은 지능이 필요했기 때문이다. 인간의 뇌를 성장시킨 기폭제는 다름 아닌 타인이라는 존재다.

대뇌피질의 크기를 통해 어떤 종이 관계를 맺을 수 있는 집단의 크기를 계산해 봤다. 그 결과 긴팔원숭이는 15마리, 고릴라는 34마리, 오랑우탄은 65마리, 인간은 148명이라는 계산이 나왔다. 뇌의 크기에서 산출한 이 수치는 던바 박사가 실제로 조사한 인간 집단의 크기 153명과 거의 일치한다. 결국 인간은 다른 사람들과 관계를 잘 맺기 위해 뇌를 발달시킨 것이다. 뇌의 최우선 과제는 복잡 미묘한 인간관계를 해결하는 것이다. 다른 사람을 설득하거나 속이고, 속마음을 이해하는 것들이다. 뇌가 커지고 엄청나게 복잡하게 진화한 건 인간관계를 잘하기 위해서다.

이타적인 행동은 생존에 유리하다

우리는 다른 사람을 도울 때 뿌듯한 감정과 함께 행복감을 느낀다. 이런 현상을 '헬퍼스 하이(helper's high)'라고 한다. 실제로 우리 뇌는 다른 사람을 도울 때 행복감을 느끼도록 진화돼 왔다.

이타적인 행동이 우리 조상의 생존에 유리했기 때문에 뇌도 이런 행동에 보상을 주도록 발달해 온 것이다.

뇌에는 측핵(nucleus accumbens)이라는 보상회로가 있다. 맛있는 것을 먹거나 사랑에 빠질 때 측핵이 활성화돼 도파민이 분비된다. 도파민은 기분을 좋게 만드는 행복 호르몬이다. 복권에 당첨됐을 때도 측핵이 활성화되면서 희열을 느낀다. 미국국립보건원의 몰(Moll) 박사 팀은 돈을 기부할 때 금전적 보상이 주어질 때와 마찬가지로 측핵이 활성화되는 것을 확인했다. 이타적 행동을 하면 뇌를 통해 희열이라는 보상을 받을 수 있다는 것을 확인한 것이다.

캐나다 몬트리올 대학교의 마리오 뷰리가드(Mario Beauregard) 박사 팀은 정신지체 어린이들을 돌보는 자원봉사자들을 대상으로 뇌 영상을 촬영했다. 정신지체 어린이들의 사진을 보여 주면서 평소의 느낌을 살려보도록 한 것이다. 장애아동을 보는 동안 뇌의 보상 회로인 측핵에 불이 들어왔다. 자원봉사자들은 이들을 돌보았던 행동이 떠오르면서 뿌듯함과 만족감을 느꼈던 것이다.

하버드 대학교의 마이클 노턴(Michael Norton) 교수가 어떻게 돈을 쓰는 게 행복한지를 알아보는 실험을 했다. 노턴 교수는 5달러 또는 20달러가 든 봉투를 주고 한 그룹은 평소대로, 다른 그룹은 타인을 위해 돈을 쓰게 했다. 2시간 뒤 행복도의 변화를 측정한 결과, 커피를 마시거나 필요한 물건을 사는 등 자신을 위해 돈을 쓴 사람은 행복감에 아무런 변화가 없었다. 반면 이웃을 돕거나 노숙자에게 돈을 나눠 준 사람의 행복감은 훨씬 높아졌다. 돈의 액수는 상관이 없었다. 돈을 얼마나 썼느냐보다 누구에게 썼느냐가 행복에 영향을 미친 것이다.

노턴 교수는 좀 더 확실한 결과를 얻기 위해 세계적인 여론조사 기관인 갤럽에 의뢰해 136개 국가를 대상으로 설문 조사를 진행했다. 최근 다른 사람을 위해 돈을 쓴 경우가 있는지 여부와 행복지수를 물었다. 그 결과 행복지수는 돈이 많고 적고를 떠나서 그 돈을 어떻게 지출하느냐에 달려 있다는 사실이 확인됐다.

지출 규모를 막론하고 개인적 용도에 지출되는 돈은 행복지수와 무관한 반면 다른 사람이나 사회를 위한 '이타적 지출'의 경우에는 행복감과 직접적 상관관계가 있었다. 이 결과는 국가별 소득 차이와 상관없이 일정하게 나타났다. 이타적 행위로부터 행복을 느끼는 것은 모든 인간에게 공통으로 내재된 본연의 속성이라는 뜻이다. 나라마다 행복지수에 차이를 보이는 것은 그 나라가 얼마나 잘 사느냐보다는 그 사회가 얼마나 이타적이냐 하는 것과 연관이 있어 보인다.

그럼 인간의 이타성은 출생한 후에 교육을 통한 사회화의 결과일까 아니면 타고나는 것일까? 여기에도 흥미로운 실험이 있다. 진화심리학자 마이클 토마셀로(Michael Tomasello) 박사가 생후 1년 6개월 된 유아와 침팬지를 비교한 실험이다. 침팬지는 인류와 같은 조상으로부터 갈라져 나온 유인원이고 유전자의 98%를 공유하고 있어 이타성을 확인하기 좋은 대상이다.

성인 남성이 일부러 펜이나 빨래집게를 떨어뜨리고 손이 안 닿는 척하거나 손에 물건을 가득 들고 있어 캐비닛 문을 못 여는 척했을 때 유아의 반응을 관찰했다. 유아들은 10회당 5.3회 꼴로 성인 남성을 도왔다. 24명의 유아 중 22명이 적어도 한 번 이상 남성을 도왔다. 비슷한 실험을 세 마리의 침팬지를 대상으로 시행했다. 침팬지는 제법 실험자를 많이 도왔지만, 유아보다 돕는 횟수가 적었다. 그것도 자신에게 이익이 되는 상황 즉 그럴 만한 이유가 있을 때만 도왔다. 이타적 행동에서 아기들이 침팬지보다 훨씬 뛰어났다. 사회화 과정을 거치지 않은 아기도 협동할 줄 안다. 말하자면 인간은 이타적 유전자를 갖고 태어나는 것이다.

초원으로 나온 인류의 조상은 취약했던 만큼 무리를 이뤄 생활했고 도움을 주고받는 이타적 행동을 발달시켰다. 서로 돕지 않으면 생존이 불가능했기 때문에 이타심은 점차 유전자에 새겨졌다. 뇌 역시 다른 사람을 도울 때 행복감을 느끼도록 설계됐다. 나누는 마음, 서로 돕는 마음이 인간의 본성으로 발달한 것이다.

02
공감하는 뇌

공감은 독일어 Einfuhlung, 즉 감정 이입에서 유래한 말이다. ein은 '안에', fuhlen은 '느끼다'라는 뜻으로 '들어가서 느끼다'라는 의미다. 공감은 처음엔 예술 작품을 감상하는 방법으로 고안되었다. 즉 작품의 내면에 도달해 그 아름다움에 감정을 이입시켜 예술 작품의 정수를 느낄 수 있는 능력을 지칭하는 개념이었다. 밖에서 작품을 바라보지만, 그 아름다움을 마음속에 투사해 내면으로부터 바라보는 방식이다.

독일어 Einfuhlung은 영어 Empathy로 번역돼 심리학에서 사용되기 시작했다. empathy는 안을 뜻하는 en과 고통이나 감정을 뜻하는 pathos가 합성된 용어다. 말 그대로 안에서 느끼는 고통이나 감정을 의미한다. 그래서 공감은 '그럴 수 있겠다.', '이해가 된다.'와 같이 상대방의 감정을 이해하고 그대로 느끼는 것이다. 적절한 공감을 위해선 세 가지 능력이 필요하다. 먼저 다른 사람이 생각하고 느끼는 것이 무엇인지 알아내는 능력이다. 이를 위해선 다른 사람의 관점에서 바라보는 성숙한 능력이 필요하다. 여기에 다른 사람의 생각이나 느낌에 적절한 감정으로 조응하는 능력이 더해져야 한다.

거울신경세포는 공감의 중추다

1990년대 초 이탈리아 파르마 대학교의 신경생리학자 자코모 리촐라티(Giacomo Rizzolatti)는 원숭이를 대상으로 실험을 했다. 리촐라티는 원숭이 뇌의 전운동피질(premotor cortex)을 집중적으로 연구했다. 그러던 어느 날 실험실에서 특이한 사건이 벌어졌다.

원숭이 한 마리가 뇌 안에 전극이 심어진 채 다음 실험을 기다리고 있었다. 당시 실험실에 있던 연구원이 땅콩을 집으려고 손을 뻗었고 원숭이는 이 광경을 물끄러미 바라보고 있었다. 그런데 그때 원숭이의 뇌 안에 심어 놓은 전극에서 신호가 잡혔다. 그 신호는 전운동피질의 신경세포에서 나오는 신호였다.

리촐라티는 이 현상을 믿을 수 없었다. 전 운동피질은 행동에 대한 계획을 세워 바로 옆에 있는 운동피질에 명령을 내리는 부위다. 즉 '접시에 있는 땅콩을 집어'라는 명령을 내리는 곳이다.

당연히 원숭이가 땅콩에 손을 뻗을 때만 활성화된다. 그런데 그 것을 바라보던 원숭이의 뇌가 반응한 것이다. 원숭이는 아무것도 하지 않고 연구원이 땅콩에 손을 내미는 모습을 보았을 뿐인데, 마치 자신이 손을 뻗은 것처럼 전운동피질이 반응을 보인 것이다. 참으로 어안이 벙벙한 일이었다. 이는 상대방의 행동을 마치 자신이 하는 것처럼 뇌에서 느끼고 있다는 뜻이 된다.

라촐라티는 이 신경세포를 다른 사람의 행동을 비추는 거울이 라는 뜻에서 '거울신경세포(mirror neuron)'라고 명명했다. 거울신경세포는 이런 식으로 아주 우연한 일이 계기가 되어 발견됐다. 이 신경세포는 다른 원숭이가 무엇을 하려는지를 이해하기 위해 행동을 시뮬레이션한다. 다른 원숭이의 행동을 마치 자신이 한 것처럼 느끼게 하는 것이다. 이것은 마음을 읽는 신경세포였다.

인간의 뇌에도 여러 거울신경세포 체계가 있다. 일단 생물이 하는 행동에 대한 정보만 골라내는 해석 장치가 있다. 이곳에선 의도나 감정이 포함된 행동, 즉 사람을 비롯한 생명체가 하는 행동만 골라낸다. 자동차나 기계의 움직임에 대한 정보는 이곳에서 걸러지기 때문에 거울신경세포로 들어가지 못한다. 의도나 감정이 포함된 행동이라고 판단된 정보는 거울신경세포로 전달돼 해석의 과정을 거친다.

사람의 거울신경세포는 의도를 읽고, 행동에 담긴 사회적 함의를 추출하고 다른 사람의 감정을 읽어 내기 위해 발달했다. 거울신경세포는 상대방의 행동을 이해하고 그 의미를 파악하는 데 그치지 않는다. 타인의 감정을 똑같이 느끼는 공감 능력과 연관이 있다.

거울신경세포는 다른 사람과 같은 경험을 하게 만든다. 개념적 추론이 아닌 감각을 통해 감정을 느끼게 한다. 거울신경세포는 두 사람을 잇는다. 두 뇌가 마치 공명하듯 동시에 작동함으로써 우리는 감정을 공유할 수 있다. 다른 사람이 우리 안에 있는 것처럼 그 사람을 느낄 수 있게 만드는 것이 거울신경세포다. 거울신경세포는 상대방의 감정을 우리 안에 흐르게 해 그 감정과 어우러지게 만든다. 이게 바로 공감이다.

타인의 마음을 읽는다

인간의 뇌는 진화 과정을 거치면서 점점 커져 20만 년 전에 현재와 같은 1500cc에 이르렀다. 하지만 4만 년 전에야 인간의 특징이라고 할 수 있는 언어와 예술, 정교한 도구 등이 나타났다. 뇌는 커졌으나 15만 년 동안 잠잠한 상태에 있었던 것이다. 문화와 정신 능력을 가늠할 수 있는 벽화와 장신구 등은 4만 년 전에 마치 문화적 빅뱅이라고 얘기할 수 있을 정도로 폭발적으로 나타났다. 학자들은 인간의 뇌 구조에 어떤 질적 변화가 일어남으로써 문화적 빅뱅이 일어났다고 추정하고 있다.

그럼 이런 문화적 빅뱅의 도화선이 된 뇌의 변화는 무엇일까? 학자들은 거울신경세포의 출현이 결정적인 계기라고 본다. 인류의 뇌가 집단생활에 맞게 서서히 진화하면서 어느 시점에 거울신경세포가 출연한 것이다. 거울신경세포가 있으면 다른 사람의 행동을 모방하고 타인의 마음을 읽을 수 있다. 이게 바로 학습 능력의 바탕이 된다. 도구와 미술의 발명은 어떤 장소에서 우연히 나타났을 것이다. 인간이라는 종이 모방이라는 놀라운 능력을 갖게 됨에 따라 도구와 언어, 미술 등은 빠르게 퍼져 나갔을 것이다. 거울신경세포는 충분조건은 아니지만 필요조건이었다. 거울신경세포를 통해 최소한의 모방 학습과 문화가 갖추어지자 우리를 인간답게 만드는 마음의 형질들이 추가로 발달했다. 타인의 의도를 파악하고 공감을 하는 인간의 전형적인 능력이 발달하게 된 것이다.

가장 믿음직하지만 한편으로 가장 위험한 게 타인이다. 그래서 우리 조상은 다른 사람의 마음속으로 들어가고 그들의 의도를 짐작하고 그들이 어디로 갈지 예측하는 능력을 발달시켰다. 필요하다면 도와주고 조종할 수 있는 능력까지 말이다. 이를 위해선 다른 사람의 이야기를 내 안에서 들려주는 뇌가 필요했다. 이게 바로 거울신경세포다.

타인의 고통을 함께 느낀다

통증과 같은 불쾌한 자극이 오면 뇌섬엽과 전측대상피질이 활성화된다. 악취를 맡게 하거나 불쾌한 표정을 짓는 얼굴을 봐도 뇌섬엽과 전대상피질에 불이 켜진다. 이 부위는 통증에 동반된 불쾌한 감정을 처리하는 역할을 한다. 특히 뇌섬엽은 혐오감과 연관이 있다.

부부를 대상으로 손에 통증을 가하고 뇌를 관찰했다. 여성의 손등에 통증을 가하자 감각을 담당하는 두정엽과 불쾌한 감정과 연관이 있는 뇌섬엽, 전측대상피질에서 활성이 나타났다. 이번엔 남편의 손등에 통증을 가하고 이를 지켜보는 여성의 뇌를 관찰했다. 당연히 감각을 느끼는 두정엽에는 아무런 변화가 없었다. 하지만 여성의 뇌에서 전측대상피질과 뇌섬엽에 불이 켜지는 놀라운 일이 벌어졌다. 자신이 고통을 느낄 때와 똑같이 불쾌한 감정과 연관된 뇌가 활성화된 것이다. 배우자의 고통에 대한 감정 반응이 자신이 직접 통증을 느낄 때와 동일한 뇌 회로를 통해 나타났다.

타인의 신체적 고통을 몸소 체험한다는 연구 결과도 있다. 영국 버밍엄 대학교 연구진이 대학생 100여 명에게 경기 중에 부상을 당해 고통스러워하는 선수의 모습이나 주사를 맞으면서 찡그리는 환자의 모습이 담긴 사진을 보여 줬다. 그 결과 피험자의 1/3에서 사진 속 인물이 아파하는 부위와 같은 곳에서 통증을 느끼는 것으로 나타났다. 통증을 느끼는 피험자 10명을 선정해 같은 사진을 보여 주고 기능적 자기공명영상장치로 촬영한 결과, 신체적인 통증과 연관된 뇌 부위가 활성화됐다. 다른 사람의 고통을 보고 신체적인 반응이 나타날 수 있음을 확인한 것이다.

이처럼 우리 뇌에는 나와 타인 사이의 장벽을 해체하는 상호작용과 공감의 중추가 존재한다. 학자들은 이 부위를 '달라이라마 뉴런'이라 부르기도 한다.

공감 능력은 타고난다

우리 뇌는 사물보다는 사람의 표정에 매우 민감하다. 그만큼 사람과의 관계가 중요하다는 뜻이다. 그럼 얼마나 민감할까? 놀랍게도 0.03초라는 찰나에 비친 표정까지 잡아낸다. 0.03초는 정말 눈 깜짝할 새보다 짧은 순간이다.

스웨덴의 심리학자 딤버그(Dimberg)는 사람들에게 다양한 표정을 보여 주면서 보는 사람의 얼굴 표정이 어떻게 변하는지를 관찰했다. 0.03초 동안 한 가지 표정을 비춰 주고서 말이다. 워낙 짧은 시간 동안에 화면이 나타났다 사라졌기 때문에 사람들은 어떤 표정을 봤는지를 알지 못했다. 그러나 얼굴 표정은 달라졌다. 자신이 본 표정과 같은 얼굴 근육이 움직였던 것이다. 웃는 얼굴을 보여 주자 웃음 근육이 움직였다. 찡그린 얼굴을 화면에 비추자 화가 났을 때 반응하는 근육이 움찔했다.

이처럼 사람들은 다른 사람의 얼굴 표정에 즉각 반응한다. 어떤 표정인지 알지는 못해도 무의식적으로 반응하는 것이다. 의식은 하지 않지만 우리는 항상 다른 사람의 시선에 주목하고 그에 따라 순간적으로 반응한다. 이처럼 다른 사람의 의도를 읽고 이해할 수 있는 능력을 갖게 된 건 우리 뇌의 특정 부위, 즉 거울신경세포가 발달한 덕분이다. 인간은 거울신경세포를 발달시킨 덕분에 공감 능력을 갖게 됐다. 오랜 진화 과정을 거치는 동안 공감할 수 있는 뇌가 된 것이다. 굳이 후천적으로 배우지 않아도 우리는 공감할 수 있는 능력을 갖고 태어난다.

프랑스 중앙의과대학의 댄지거(Danziger) 박사는 우리가 공감 능력을 타고난다는 사실을 증명했다. 댄지거 박사는 태어날 때부터 통증을 느끼지 못하는 통증 무감각 환자들을 대상으로 실험을 했다. 다른 사람에게 통증을 가할 때 이들의 뇌 변화를 관찰한 것이다. 이들은 태어날 때부터 통증을 느끼지 못하기 때문에 다른 사람의 통증도 알지 못할 것으로 예상됐다. 하지만 결과는 전혀 달랐다. 다른 사람이 통증으로 고통 받는 것을 본 순간 이들의 안쪽 전두엽과 뇌섬엽이 활성화된 것이다. 자신은 고통을 느끼지 못하더라도 다른 사람의 고통을 보고 뇌가 반응한다는 실험 결과는 공감 능력이 후천적으로 배우고 습득되는 것이 아니라 타고난다는 사실을 의미한다.

03
공감 회로를
활성화시키는 방법

적극적으로 들어라

말로 자신의 속내를 표현하는 사람은 많지 않다. 말이라는 것은 대개 속마음을 감추기 위한 위장술이다. 얘기만 듣고선 상대방이 어떤 생각을 하는지 무엇을 원하는지 알기 어렵다. 우리는 모두 '페르소나(persona)'라는 가면을 쓴 채 살고 있다. 하고 싶다고 원한다고 다 얻을 순 없는 게 인간 세상이다. 그래서 날 것 그대로의 욕망을 드러내는 건 금기시된다. 상대방의 욕망은 표정, 몸짓, 행동에서 드러난다. 감정 상태에 따라 몸짓과 표정, 행동은 제각기 다르다. 상대방의 말을 듣는다는 건 표정과 몸짓, 행동을 이해하고 거기에 반응하는 것이다. 이를 위해선 건성건성 대충이 아니라 적극적으로 들어야 한다.

이민정 씨는 입사 10년차 사회부 기자다. 편집부에서 일하다가 둘째 아이를 낳고 6개월간 출산 휴가를 다녀왔다. 취재부서에서 일하는 건 3년 만이다. 민정 씨는 취재가 아직 손에 잘 잡히지도 않는데, 후배 기자 4명을 관리하는 역할까지 떠맡았다. 매일 뉴스에 사회부 리포트가 나갈 수 있도록 아이템을 배분하고 후배 기자들을 독려해야 한다. 지난주에는 대형 사건이 터져 일주일 내내 자정을 넘겨 집에 들어갔다. 신종 전염병으로 국내에서 첫 사망환자가 발생했던 것이다. 이번 주에는 전염병 소식이 좀 잦아들었지만, 자질구레하게 해야 할 일은 많고 후배 기자들을 챙기기도 버겁다. 이따금 몸은 으슬으슬 춥고 기분도 가라앉는다. 물에 솜을 적신 듯 몸은 몹시 피곤한데도 잡념에 시달려 좀처럼 잠이 오지 않는다.

이 기자는 부서장인 김 부장에게 요새 몹시 힘들다고 얘기를 꺼냈다. 취재도 잘 안 되고 후배 기자들 관리하기도 어려워 어떻게 해야 할지 막막하다고 하소연을 했다. 자신의 힘든 점을 부장이 좀 알아줬으면 하는 기대를 갖고서 말이다. 그러나 부장의 반응은 시큰둥했다. 얼굴을 찌푸리고 대충 듣는 것 같더니 선심을 쓰듯 말했다.

"정말 그렇게 힘들어? 요샌 많이 좋아졌잖아? 우리 땐 훨씬 힘들게 일했는데. 그 정도는 힘든 것도 아니야. 세월 좋아진 거지. 에고 정 그렇게 힘들면 며칠 휴가라도 다녀오든지."

이민정 씨가 원하는 건 휴가가 아니었다. 그저 부장의 따뜻한 말 한마디였다. '위로까지는 아니더라도 그저 힘든 걸 알아줬으면 했는데.' 이 기자의 표정은 더 어두워졌다. '부장님은 좀 알아줄 줄 알았는데. 열심히 일해 봐야 남는 게 없어. 힘들 땐 다 남남이야.' 기대가 실망으로 바뀐 순간 이 기자는 더 이상 부장의 얼굴을 쳐다보기가 싫어졌다. 부장에 대한 기대가 씁쓸함을 넘어 분노로 바뀌었다.

부장이 휴가까지 줬는데도 왜 이민정 씨는 불만이 더 쌓였을까? 부장은 이민정 씨의 말을 그저 들었을 뿐 '주의를 기울여' 듣지 않았다. 이런 듣기를 '수동적 경청'이라고 한다. 상대가 무엇을 말하고 싶은지 귀 기울이기보다 그저 내가 듣고 싶은 메시지만 골라서 듣는 것을 말한다. 이와 달리 상대방의 느낌과 감정, 생각까지 헤아리면서 듣는 것을 '적극적 경청'이라고 한다.

적극적 경청은 판단하지 않기에서부터 출발한다. 듣는 중간에 옳고 그름을 섣불리 판단하지 말라는 얘기다. 마음을 연 상태에서 상대방의 이야기를 듣는 것이 중요하다. 자신의 경험과 가치, 신념 등을 바탕으로 상대방의 말을 거르는 경우가 많다. 직장 상사일수록 부하 직원의 말을 끝까지 듣지 않고 섣불리 '그렇다', '아니다'를 정한다. 서둘러 해결책부터 제시하는 경우도 있다.

김 부장은 "그 정도는 힘든 것도 아니야"라는 반응을 보여 이 기자의 마음을 닫게 했다. 섣불리 자신의 기준으로 판단을 내린 것이다. 이 기자는 휴가보다 부장이 자신의 힘든 상황을 이해하고 인정해 주기를 바랐다. 김 부장이 "특히 어떤 점이 힘들어? 내가 어떤 것을 도와주면 되겠나?"라고 물었다면 휴가를 주지 않았더라도 마음이 풀렸을 것이다. 이런 태도가 적극적 경청이다.

속마음은 말보다는 표정이나 태도에서 나타난다. 김 부장의 찌푸린 표정은 '네 얘기를 들을 마음이 없다.'라는 메시지다. 적극적으로 경청하려면 상대와 시선을 맞추고 부드러운 표정을 짓는 게 좋다. 자연스럽게 고개를 끄덕이면 말하는 사람의 심리적 저항이 줄어들어 대화가 솔직해진다. 적극적 경청은 단순히 듣고 응수해 주는 것에 그치지 않는다. 상대방의 말에 귀를 기울일 뿐만 아니라 그 사람의 상태와 감정까지 읽을 수 있는 마음의 귀를 열어야 한다. 사람들은 누구나 상대방이 자신의 말에 즉각적인 반응을 보여 주길 원한다. "당신의 말을 잘 듣고 있습니다."라는 반응을 표정과 눈빛, 태도로 표현하는 것이 중요하다.

자신의 생각은 배제하고 눈과 귀, 마음을 열어 잘 들으면 상대방은 이해받았다고 느낀다. 자신의 이야기에 귀 기울여 들어줄 때 누구나 자신의 존재가 인정받는 느낌을 받는다. 설사 상대방과 다툼이 있다고 해도 이런 수용적인 태도는 갈등을 완화시킨다. 어렵더라도 적극적으로 들으려고 노력해 보자. 적극적인 경청은 공감 회로를 활성화시키기 위한 첫걸음이다.

감정 이입을 하라

앞서 소개했던 레이먼드 카버의 단편 「별 것 아닌 것 같지만 도움이 되는」의 마지막 장면은 긴 여운을 남긴다. 따뜻한 위로가 전해진다. 불의의 사고로 아들을 잃은 부부는 분노에 휩싸여 아들의 생일 케이크를 주문했던 빵집을 찾는다. 아들이 사고를 당한지도 모르고 빵집 주인이 케이크를 찾아가지 않는다고 계속 전화를 했기 때문이다.

"우리 아들은 죽었어요."

그녀가 냉정하고 침착한 목소리로 잘라 말했다.

"월요일 아침에 차에 치였어요. 우리가 줄곧 곁에 있었지만, 결국 죽고 말았어요. 물론 당신이야 그 사실을 알 수는 없었겠죠? 빵장수라고 해서 모든 것을 알 수는 없을 테니까. 안 그래요, 빵장수 아저씨? 하지만 그 애는 죽었어요. 그 애는 죽었다고, 이 못된 놈아!"

그제야 사정을 알게 된 빵집 주인은 진심으로 사과한다.

"나는 빵장수일 뿐이라오. 지금은 그저 빵장수일 뿐이오. 그렇다고 해서 내가 한 일들의 변명이 될 순 없겠지요. 그러나 진심으로 미안하게 됐습니다. 자제분에게 일어난 일은 안됐다고 생각합니다. 그런 상황에서 제가 한 일도 죄송합니다."

빵집 주인은 말했다. 그는 탁자 위로 두 손을 내밀더니 손바닥을 펼쳤다.

"내게는 아이가 하나도 없었기 때문에 지금 당신들의 심정에 대해서는 간신히 짐작만 할 수 있을 뿐이라오. 지금 이 순간, 내가 할 수 있는 말이라고는 미안하다는 것뿐이라오. 부디 용서해 주시기 바랍니다."

빵집 주인은 자기가 만든 빵을 권하며 말했다.

"아마 제대로 드신 것도 없겠죠. 내가 만든 따뜻한 롤빵을 좀 드시지요. 뭘 좀 드시고 기운을 차리는 게 좋겠소. 이럴 때 뭘 좀 먹는 일은 별것 아닌 것 같지만, 도움이 될 거요."

그러고 나서 빵집 주인은 그들과 함께 탁자에 앉았다. 그는 기다렸다. 그들이 각자 접시에 놓인 롤빵을 하나씩 집어 먹기 시작할 때까지 그는 기다렸다. 그들을 바라보며 그가 말했다.

"뭔가를 먹는 게 도움이 된다오. 더 있소. 다 드시오. 먹고 싶은 만큼 드시오. 세상의 모든 롤빵이 다 여기에 있으니."

그들은 롤빵을 먹고 커피를 마셨다. 앤은 갑자기 허기를 느꼈는데, 그 롤빵은 따뜻하고 달콤했다. 그녀는 롤빵을 세 개나 먹어 빵집 주인을 기쁘게 했다. 그리고 그가 이야기하기 시작했다. 그들은 신경 써서 귀를 기울였다. 그들은 지치고 비통했으나, 빵집 주인이 하고 싶어 하는 말에 귀를 기울였다. 빵집 주인이 외로움에 대해서, 중년을 지나면서 자신에게 찾아온 의심과 한계에 대해서 말하기 시작할 때부터 그들은 고개를 끄덕였다. 그는 그들에게 그런 시절을 아이 없이 보내는 일이 어떤 것인지 말했다. 매일 오븐을 가득 채웠다가 다시 비워 내는 일을 반복하면서 보내는 일이 어떤 것인지. 그들은 이른 아침이 될 때까지, 창으로 희미한 햇살이 높게 비칠 때까지 이야기를 나눴는데도 떠날 생각을 하지 않았다.

자신의 기준에 맞춰 판단하지 않고 마음을 열어 상대의 얘기를 끝까지 들으면 상대방의 입장을 이해할 수 있다. 감정 이입은 적극적 경청에서 시작된다. 상대방의 관점에서 보려고 노력하면 그 사람의 감정과 경험을 공유할 수 있다. 이것이 감정 이입이다. 상대방과 똑같이 느끼고 경험할 수는 없지만, 비슷한 감정을 느끼고 공유하는 것이다. 감정 이입이 가능하려면 적극적 경청에서 그치지 않고 계속 상대방의 입장에서 이해하고자 노력해야 한다. 또 다른 사람의 감정을 정확하게 인식할 수 있는 능력이 있어야 한다. 어떤 상태인지 알아야 나도 똑같이 느낄 게 아닌가? 화가 난 건지 두려운 건지 짜증스러운 건지 구별도 못하면서 상대방의 감정에 동화될 리는 만무하다.

이때 중요한 것은 비언어적인 단서들 이면에 감추어진 감정이다. 앞서도 얘기했지만, 사람은 말의 내용을 갖고 의사소통을 하진 않는다. 말은 오히려 속내를 감추는 역할을 한다. 속내를 알려면 말을 할 때의 표정, 목소리, 태도, 몸짓 등을 잘 살펴야 한다.

미국의 심리학자 앨버트 메러비언(Albert Mehrabian)은 40여 년 전 재미있는 연구 결과를 내놓았다. 대화할 때 말의 내용을 통해 의사소통이 이루어지는 비중은 고작 7%에 불과하다는 것이다. 나머지 93%는 비언어적 요소다. 즉 말투와 억양 등이 38%를 담당하고, 표정, 몸짓, 태도가 55%를 전달한다고 한다. 의사소통에선 표정과 몸짓, 눈 맞춤, 억양이나 어조 같은 비언어적인 요소가 언어적 내용보다 더 큰 역할을 차지한다.

상대방의 감정이 무엇인지를 알았다면 이젠 이런 감정을 상대방의 입장에서 느낄 차례다. 그 사람이 느끼는 것처럼 말이다. 느낀 바를 적절하게 표현한다면 금상첨화다. 감정 이입이란 적극적으로 경청해 상대방의 감정을 파악한 뒤 그 감정을 상대처럼 느끼고 상대방의 입장을 고려해 그것을 적절하게 표현하는 일이다.

문학 작품을 읽어라

'웃프다'라는 말이 있다. 웃으면서도 한편으론 가슴이 아릴 때 쓰는 말이다. 로맹가리의 소설『자기 앞의 생』은 소외된 사람들이 서로를 돌보고 위로하는 모습을 그렸다. 그 모습이 슬프면서도 유머가 있고 아름답게 그려졌다. 열네 살 소년 모모가 들려주는 이야기는 가슴을 적시면서 공감을 자아낸다.『자기 앞의 생』은 부모에게 버림받은 열네 살 소년 모모가 늙고 병든 로자 아줌마와

살면서 겪는 이야기다. 자신을 돌보아주던 로자 아줌마가 뇌졸중을 앓게 되자 이번에는 모모가 로자 아줌마를 돌본다. 모모는 죽어가는 로자 아줌마 곁을 떠나지 못한다. 이 장면은 가슴을 먹먹하게 한다.

　어둠 속에서도 그녀의 안색은 좋지 않아 보였다. 나는 그녀의 친구가 되어 주기 위해 촛불을 있는 대로 다 켰다. 나는 화장품을 들고 입술에 루주를 발라 주고 볼 터치를 해 주고 그녀가 좋아하던 모양대로 눈썹을 그려 주었다. 눈꺼풀은 푸른색과 흰색으로 칠해 주고 그녀가 평소 하던 대로 애교점도 붙여 주었다. 인조 눈썹도 붙여 주려 했지만 잘 붙지 않았다. 그녀는 이제 숨을 쉬지 않았지만, 그런 건 상관없었다. 숨을 쉬지 않아도 그녀를 사랑했으니까. 나는 그녀 곁에 펴 놓은 매트에 내 우산 아르튀르와 함께 누웠다. (…) 그녀는 이제 더 이상 우리와 함께 있지 않았다. 그녀에게 한두 번 뽀뽀도 해 주었지만 그것도 아무 소용이 없었다. 그녀의 얼굴은 차가웠다. 화려한 기모노 차림에 붉은 가발을 쓴, 내가 화장을 해 준 아줌마는 무척 아름다웠다. 나는 잠에서 깨어날 때마다, 군데군데 점차 푸르죽죽하게 변해가는 그녀의 얼굴 화장을 고쳐 주었다. 나는 그녀 곁의 매트에서 잠을 잤다. 바깥에 나가기가 두려웠다. 밖엔 아무도 없었으니까.

소설을 많이 읽으면 공감 능력을 높일 수 있다. 다른 사람의 처지가 되어 보고 그 상황에서 무엇을 생각하고 느낄지에 대해 상상해 보는 경험이 쌓이기 때문이다. 나를 둘러싼 경계가 확장되면서 타인의 세계를 더 많이 이해하게 된다. 다른 사람의 생각과 감정, 욕망과 동기 등을 말이다. 문학 작품을 통해 우리는 좀 더 공감형 인간이 될 수 있다.

인간은 다른 사람을 따라 하는 습성이 있다. 이른바 '모방 본능'이다. 인류 최초의 예술 작품으로 추정되는 원시 시대 동굴 벽화도 사냥하는 모습을 따라 그린 것이다. 모방을 통해 인간은 예술 작품을 창조했고 문명을 발전시켰다.

모방이 인간의 본성으로 진화하면서 우리 뇌에는 '거울신경세포'가 자리를 잡았다. 거울신경세포가 발달했기에 인간은 모방을 넘어 공감을 통해 사회적 존재로 거듭났다. 신경생리학자 리촐라티가 '거울신경세포'를 발견하기 이미 100년 전에 러시아의 대문호 톨스토이는 인간의 모방 본능에 대한 책을 썼다. 톨스토이에 따르면 인간은 다른 사람의 감정과 행동을 모방하는 동물이며 이 모방 본능 때문에 예술이 인간의 마음을 파고든다. 톨스토이는 『예술이란 무엇인가』에서 예술의 정수는 표정이나 몸짓, 감정이 다른 사람에게 공감을 일으키는 데 있다고 강조한다.

예술 작업은 인간이 귀나 눈으로 타인의 감정을 접할 때 그 감정을 나타내는 사람이 경험한 것과 동일한 감정을 경험할 수 있다는 사실에 근거를 둔다. 아주 쉬운 예를 들어 보자. 누군가가 웃으면 그걸 보는 사람도 명랑해지고, 울면 이 울음소리를 듣는 사람도 슬퍼진다. 울컥하든지, 시무룩하든지 하면 상대방도 이를 보고 같은 상태가 된다. 동작이나 목소리의 울림으로 용기나 결단력, 혹은 반대로 외로움이나 의젓함을 나타내면 이 기분은 상대방에게 옮아간다. 괴로움이 있을 때 신음 소리나 경련으로 그 고통을 나타내면 이 괴로움은 곧 상대방에게 옮아간다.

예술은 개개의 인간, 인류의 생활과 행복의 발걸음에 없어서는 안 될 인간 상호 간의 교류 수단이요, 모든 사람을 동일한 감정으로 통일하는 수단이다.

『예감은 틀리지 않는다』 등의 소설을 쓴 영국의 대표 작가 줄리언 반스는 이렇게 말했다.

"내가 나의 것이 아닌 다른 세상이 있다는 걸 처음 깨달은 것은 책을 통해서였다. 다른 사람이 되어 보면 어떤 기분일까. 처음으로 상상해 보았다."

문학 작품은 개인을 넘어 공감적 경험을 확장하는 데 좋은 도구다.

괴테의 『젊은 베르테르의 슬픔』은 예술의 전염성을 잘 보여 준다. 청년 베르테르가 이루지 못한 사랑에 상심한 나머지 권총으로 자살한다는 내용의 이 소설은 18세기 말 유럽의 젊은이들을 강타했다. 소설이 출간된 후 한동안 숱한 젊은이들이 베르테르처럼 권총 자살을 했다. 이 현상은 '모방 자살(copycat suicide)'의 원조로 '베르테르 효과(Werther effect)'라는 용어를 만들어 냈다. 유명인이 스스로 목숨을 끊은 뒤 모방 자살이 늘어나는 현상을 일컫는 말이다. 허구의 주인공 베르테르를 따라 사람들이 자살까지 감행했다는 건 문학 작품이 현실에서도 큰 영향을 미칠 수 있음을 보여 준다.

예술 작품이 지닌 아름다움은 때로 감동을 선사한다. 짜릿함을 주기도 한다. 그러나 가장 큰 감동은 작품 속 인물에 동화돼 카타르시스를 경험할 때 나타난다. 예술은 인류를 엮어 주는 소통의 수단이라는 데 의의가 있다. 그래서 예술 작품을 많이 접할수록 공감 능력을 높일 수 있다. 작품에서 무언가를 보고 느끼고 공감하는 미학적 경험은 사회적 존재로서의 소통 능력을 높여 준다.

문학 작품은 우리의 공감 능력을 섬세하게 다듬어 준다. 이야기를 읽으면서 우리는 정서적인 경험을 한다. 이야기에 푹 빠지면 마음을 졸일 때가 있다. 그러면 손에 땀을 쥐는 등 신체적인 반응까지 나타난다. 때로는 소설 속 주인공이 마치 살아 있는 사람처럼 느껴질 때가 있다. 완전히 감정이 이입돼 주인공의 마음이 고스란히 느껴지는 것이다.

소설 속 주인공은 무언가를 욕망하지만 좀처럼 그것을 얻을 수 없다. 이야기의 뼈대는 행동과 좌절의 연속이다. 주인공은 좌절감을 쌓아 가면서 갈등에 빠지고 마침내 승부수를 던져 절정에

도달한 뒤 모든 갈등이 해소되는 결말에 이른다. 그래서 이야기를 좋아하는 사람은 남들보다 감정 이입을 잘한다. 특히 다른 사람의 슬픔이나 죄책감 같은 감정에 공감을 잘한다.

제7장

성공적인
인간관계
만들기

01

어둠의 세 유형을
피하라

자기애성 상사

미란다(메릴 스트립 분)는 전 세계 패션계를 휘어잡는 패션 잡지의 편집장이다. 과시욕이 과하고 뭐든 마음대로 해야 직성이 풀리는 성격이다. 까다롭고 괴팍하기까지 한 그녀의 성격 탓에 아랫사람들은 항상 긴장을 늦추지 못한다. 그야말로 악마 같은 편집장이다.

앤드리아(앤 헤서웨이 분)는 풍운의 꿈을 안고 뉴욕에 온 생기발랄한 여성이다. 운 좋게도 살아 있는 패션계의 전설 미란다의 비서로 채용된다. 꿈같은 일이 벌어진 것이다. 그러나 이내 미란다가 밤낮없이 전화를 해대고, 이것저것 괴팍한 명령을 내리는 통에 직장 생활에 회의를 느낀다.

영화 「악마는 프라다를 입는다」는 전문직에서 성공을 이룬 나르시시스트의 모습을 그리고 있다. 미란다에게 다른 사람은 도구일 따름이다. 항상 자신의 일이 가장 중요하고 우선권이 있다. 다른 사람들은 모두 자신에게 맞추어야 한다고 생각한다. 자신의 능력은 과대평가하지만 다른 사람들이 이룬 일들은 하찮게 생각한다. 빈말이라도 다른 사람을 칭찬하는 적이 없다. 비서인 앤드리아와의 관계도 착취적이다. 공감 능력이 떨어져 앤드리아가 얼마나 힘들어하는지를 이해하려 들지 않는다.

그녀의 이런 성향은 허리케인이 몰려와 모든 비행기가 취소됐는데도 막무가내로 뉴욕행 항공기를 마련하라고 앤드리아를 들볶는 대목에서 절정에 이른다. 앤드리아가 "알아봤는데, 기상 상태 때문에 뜨는 비행기가 없다."라고 전화를 하자 미란다는 "비좀 오는 것 같고 그래. 이게 네 일이잖아. 내가 집에 갈 수 있도록하란 말이야."라고 일축한다. 자신을 위해 18년간 일했던 비서를 그만두게 하면서도 전혀 거리낌이 없다. 아랫사람은 자신의 욕구를 채워 주기 위해 있는 도구일 뿐이다.

대학병원에서 정신과 전공의 수련을 받던 시절의 일이다. 한동안 한 교수 밑에서 수련을 받았는데, 차츰 나는 누구인가라는 의문이 들었다. 그 교수 이름으로 입원한 환자를 진료하고, 교수가 쓰는 논문에 들어갈 자료를 찾아 밤을 지새웠다. 하지만 교수는 3개월이 지나도록 내 이름조차 기억하지 못했다. 모르는 정도가 아니라 아예 궁금해하지도 않았다. 점심을 같이 먹을 때면 식사 시간 내내 자기 자랑만 늘어놓기 일쑤였다. 단 한 번도 내가 결혼을 했는지 관심 분야는 무엇인지를 묻지 않았다. 교수가 자랑을 늘어놓는 동안 눈을 맞추고 고개를 끄덕이면서 귀 기울이는 척했지만, 나는 투명 인간에 가까웠다. 나라는 존재는 그 자리에 없었다. 자동으로 고개를 끄덕이는 로봇이 자리에 앉아 있는 것 같았다. 교수와 식사를 하고 나면 체하기 일쑤였다. 교수는 논문 번역과 데이터 정리 등 무수히 많은 일을 마른 수건 짜 내듯이 시켰다. 하지만 단 한 번도 수고한다거나 고맙다는 얘기를 하지 않았다. 힘이 부쳐 시킨 일 중 한 가지라도 빠뜨리면 바로 불호령이 떨어졌다. 교수는 다른 사람은 전혀 안중에도 없는 전형적인 자기애성 성격의 소유자였다.

자기애성 성격을 가진 사람과는 의미 있는 관계를 형성하는 게 불가능하다. 상대방이 개별적인 인격체라기보다 이상화된 자아를 투사하는 대상에 불과하기 때문이다. 주위 사람은 자신의 욕구를 충족하고 스스로 돋보이게 만드는 대상물에 지나지 않는다. 때문에 자기애성 성격을 가진 사람과의 관계가 끝나면 아무것도 남지 않는다. 자기애성 성격을 가진 직장 상사는 당연히 부하 직원과 착취적인 관계를 맺는다. 아랫사람은 자신을 돋보이게 만들고 자신의 욕구를 채워 주기 위해 존재하기 때문이다.

자기애성 성격의 직장 상사는 자기에게 아부하지 않는 사람을 차갑게 무시하거나 괴롭히는 행동을 서슴지 않는다. 항상 자신이 옳다고 믿기 때문에 진지한 반성을 하지 않고 명백한 과오를 범했을 때도 사과는 말뿐이다. 항상 제대로 대접받지 못하고 있다며 마음속에 화를 키우고 있어 꼬투리만 잡으면 분노가 폭발한다.

사이코패스 상사

사이코패스 하면 보통 연쇄살인범을 떠올린다. 그렇다. 대부분의 연쇄살인범은 사이코패스다. 그러나 사이코패스 중 살인마는 극히 일부다. 대부분은 그런 대로 사회에 적응하며 살고 있다. 전체 인구의 1%가량이 사이코패스로 추정된다. 강력 범죄의 절반가량은 사이코패스가 저지르지만, 수감자 중 사이코패스는 20%에 불과하다. 대부분의 사이코패스는 우리 주변에서 직장 생활을 하고 가정도 꾸리면서 살아가고 있다. 게다가 여러 분야에서 성공을 거두기도 한다. 사이코패스는 언뜻 봐선 알아채기 힘들다. 겉으로 멀쩡한 것은 물론 언변이 좋고 말쑥해 오히려 매력적이다. 상대방을 배려하는 듯한 인상을 주기도 하는데, 이는 물론 상대를 이용하기 위해 접근할 때다.

냉정하고 오만하면서도 합리적이고, 교활하면서도 묘하게 매력적인 사람을 본 적이 있는가? 성공한 CEO의 상당수가 그렇다. 권력에 집착하고 승부욕이 강하면서 권태를 참지 못하는 사이코패스의 특성상 기업에서 최고 지위에 오르는 건 이상한 일이 아니다. 사이코패스는 충동적이면서도 쉽게 이성을 잃지 않는다. 이는 상황을 날카롭게 파악하고 잘 인식한다는 얘기다. 사이코패스는 끊임없이 자극을 추구하고 승부를 건다. 이는 도전을 즐긴다는 얘기다. 기업에서는 이런 성향에 후한 점수를 준다. 냉정하면서 권모술수에 능하고 충동적인 사이코패스는 위험천만한 사람이 되거나 기업의 상위를 차지하거나 둘 중 하나다. 사이코패스는 건물 경비원보다 기업체 내부 상위층을 차지할 확률이 4배 이상 높다는 조사 결과도 있다.

한 대기업 상사에서 벌어진 일이다. 무역 부문을 관장하는 임성민 부장은 3개 팀을 관할하고 있었다. 훤칠한 키에 화려한 언변을 갖춘 임 부장은 부하 직원들에게는 잔인하기 이를 데 없지만, 아부와 남다른 처세술로 신임을 얻는 이중인격자였다. 자신이 책임지고 있는 세 팀장 간에 충성 경쟁을 시켜 잘된 일은 자신의 공적으로 상부에 보고하고, 실적이 나쁘면 부하 탓으로 돌리는 데 능수능란한 인물이었다. 인사상 불이익을 주는 건 기본이었고 마음에 들지 않는 직원은 타 부서로 전출시켰다. 임 부장에 대한 원성이 하늘을 찌르는데도 그는 승승장구해 마침내 임원에 올랐다. 얼마 후에는 계열사 대표이사로 승진했다.

대표이사에 오른 임 사장은 자신에게 충성을 바친 부장 두 명을 임원으로 승진시켰고 다시 충성 경쟁에 몰아넣었다. 두 명의 임원이 충성 경쟁을 하는 동안 그 아래의 부장과 과장, 대리들은 혹사당할 수밖에 없었다. 급기야 한 과장이 과로가 쌓여 뇌출혈로 쓰러지는 일이 발생했다. 업무상 재해로 인정받을 만한 상황이었다. 하지만 임 사장은 자신에게 불꽃이 튈 것을 우려해 김 부장에게 엄명을 내렸다. 수단과 방법을 가리지 않고 업무상 재해로 판정되지 않도록 하라고 말이다. 김 부장은 양심의 가책을 느끼면서도 임 사장의 지시를 따를 수밖에 없었다. 지시를 어겼을 경우 자신의 목이 날아갈 것을 직감했기 때문이다. 김 부장은 업무일지를 조작하고 부서원들의 입을 맞추게 하는 등 무리수를 두면서까지 일을 처리했다. 6개월 뒤 김 부장은 임원으로 승진했다.

어느 조직에서든 사이코패스가 활개를 치지만 금융업과 사이코패스는 특히 잘 어울린다. 금융업은 무질서하면서 높은 변동성을 갖고 있다. 이런 특징은 사이코패스가 성장할 수 있는 좋은 토양이다. 무자비하고 계산적이며 정치적인 사이코패스는 이런 환경을 원동력 삼아 스스로 정상으로 밀어 올린다. 2008년 전 세계에 몰아닥친 금융 위기의 주범이 '월가의 사이코패스'라는 주장도 있다. 이들의 목표는 오직 성공이다. 공정이나 평등과 같은 가치에는 관심이 없다. 양심은 성공의 방해물일 뿐이다. 애초 다른 사람의 이해나 고통에는 관심이 없다. 거짓과 사기로 점철된 이들의 행동은 무모한 투자로 이어져 치명적 위기를 만들어 낸다.

사이코패스는 자신의 잘못을 인정하지 않는다. 인정하지 않는

다기보다 자신이 무엇을 잘못했는지를 모른다. 도덕적인 잣대 자체가 결여돼 있기 때문이다. 사이코패스의 머릿속에는 죄책감이나 책임감이라는 단어가 없다. 이기심과 자기 보호 본능만 있을 뿐이다. 무언가를 선택할 때 도덕적 가치는 고려 대상이 아니다. 단지 비용과 효율만 따진다. 죄책감이 없기 때문에 감정의 기복이 적을뿐더러 생각과 행동이 훨씬 자유롭다. 이들은 현란한 말과 이론으로 무장해 자신의 행동을 합리화한다. 다른 사람을 신경 쓸 필요가 없기 때문에 자아가 넘쳐흐른다. 외모나 인지도에 비해 훨씬 자신감이 넘쳐 보인다. 그래서 사이코패스에 이용당하거나 속기 쉽다. 더군다나 사이코패스는 상황을 잘 파악하고 술수에 능한 타고난 재능을 갖고 있다. 이용할 가치가 있을 때 그 사람은 사이코패스의 먹잇감이 된다.

마키아벨리형 상사

얼마 전 직장인의 삶과 애환을 그린 드라마 「미생」이 인기리에 방영됐다. 배우 이경영이 연기한 최 전무는 원하는 것을 얻기 위해 주변을 희생시키는 냉혹한 인물로 나온다. 그는 음모와 계략에 능하면서 권력을 얻기 위해서라면 무엇이든지 하는 인물이다. 어느 날 부하 직원이 일이 잘못된 것에 책임을 지고 회사를 떠난다. 회사를 나간 부하 직원은 배달 일을 하다가 사고로 죽는다. 그런데 그 사업은 애초에 최 전무가 발제해 부하 직원에게 시킨 일이었다. 부하 직원에게 책임을 떠넘긴 것이다. 직원이 회사를 떠난 것도 최 전무의 뜻이었다. 그러나 이 역시 자신은 빠지고 바로 밑인 오 과장이 직원을 내 보낸 것으로 조작한다. 최 전무는 자신의 이익과 권력을 얻기 위해서라면 뭐든 마다하지 않는 마키아벨리형 직장 상사의 전형이다.

마키아벨리는 권모술수의 대가다. 권력의 속성을 파악하고 독재자를 위한 지침서를 쓴 정치 이론가이기도 하다. 그가 쓴 『군주론』의 대표적인 문장은 "사랑받는 것보다 두려움의 대상이 되는 것이 낫다."다. 이들은 목적을 위해서라면 수단과 방법을 가리지 않는다. 목적을 얻기 위한 과정에서 사람에게 고통을 주는 것은 별문제가 되지 않는다. 마키아벨리는 개개인의 이익 추구가 인간의 본성이라는 사실을 꿰뚫었다. 이익을 추구하는 것이 유일하게 인간을 앞으로 나아가게 하는 힘이라고 강조한 것이다.

마키아벨리형은 까다롭고 이기적이라는 면에서 자기애성이나 사이코패스형 직장 상사와 공통점이 있다. 하지만 두 유형보다 더 현실적이면서 군더더기가 없다. 허황된 요구를 하지도 않고 좋은 인상을 남기기 위해 애쓰지도 않는다. 다만 권력을 좇으면서 자신의 이익을 최대화하기 위해 매진한다. 이들은 철저히 자기중심적이며 이해관계에 놀랄 만큼 민감하다. 사이코패스형보다는 덜하지만, 다른 사람이 받을 수 있는 마음의 상처에 대해선 무관심한 편이다.

권력 추구 성향은 다른 사람을 조종하려는 행동으로 나타난다. 이들은 부하 직원을 적당히 추켜세우기도 하고 반대로 신랄하게 비난하기도 한다. 슬슬 구슬리며 자신의 파벌을 만드는 데 열심이다. 자신에게 합류하지 않는 사람들은 자연스럽게 비난의 대상이 된다. 정치적인 사람일수록 의심이 많다. 다른 사람들 역시 자신과 마찬가지라고 생각해 주위 사람을 믿지 않는다. 이들은 상대방이 어떤 생각을 하고 있는지를 읽어 내는 레이더를 갖고 있다. 특정 상황에서 어떻게 반응할지를 간파하는 능력 역시 탁월하다. 마키아벨리형은 이런 수완에 의지해 세상을 살아간다. 이런 능력은 상대방을 조종하고 이용하는 데 사용된다.

모략과 음모에 능한 마키아벨리형은 얼굴이 두껍다. 다른 사람의 고통에 공감하는 능력이 떨어져 죄책감이 별로 없기 때문이다. 이들은 오랫동안 충성을 다한 부하 직원이라도 자신의 이익에 더 이상 도움이 되지 않는다고 판단되면 바로 버린다.

피할 수 없다면 똑똑하게 무시하라

"못 들은 걸로 해. 한 귀로 듣고 한 귀로 흘려버려."

"너무 신경 쓰지 마."

이런 말은 그다지 위로가 되지 않는다. 위로는커녕 마음을 몰라주는 것 같아 상처가 더 깊어질 수 있다. 하지만 자기애성, 사이코패스, 마키아벨리형 직장 상사에게 상처를 받았다면 그냥 넘어갈 게 아니라 철저히 무시해야 한다. 내 잘못이 아니라 그들의 문제이기 때문이다. 그들의 말은 전혀 받아들일 필요가 없다. 내가 아닌 그 누구라도 그들과 엮이면 그런 대접을 받는다. 철저히 무시해 감정 투자를 하지 않으면 상처 받을 일도 없다.

착취적인 직장 상사와 맞닥뜨렸을 때 해결책은 하나다. 되도록 맞부딪치는 일을 피하는 것이다. 무덤덤하게 지내는 게 상책이다. 하지만 꼬투리가 잡히지 않도록 일에 대해선 확실하게 해야 한다. 정상적인 인간관계를 맺겠다는 생각은 버리고 자신에게 주어진 일만 묵묵히 하는 것이다. 화를 내거나 싸우는 것은 금물이다. 상대방에 대해 화가 나는 것은 상대에게 어느 정도 기대를 갖고 있기 때문이다. 이런 기대를 아예 접고 철저하게 무시하는 전략을 펴야 한다. 전혀 에너지를 투자하지 말라는 얘기다.

잘 무시하는데도 계속 목표물이 된다면 차분하면서도 단호하게 입장을 전달할 필요가 있다. 이때 허둥대거나 감정적으로 반응을 보이는 건 금물이다. 이들은 이런 틈새를 비집고 꼬투리를 잡아 상대방을 조종하려 든다. 감정을 배제한 채 상대방이 어떤 행동을 했을 때 자신이 어떻게 힘든지를 얘기한다. 그러면서 접촉을 최소화한다. 그랬는데도 계속 부당한 대접을 받는다면 부서를 바꾸는 등 접촉을 끊는 것까지 고려해야 한다.

마음의 여유를
길러라

적절한 거리를 유지하라

법정 스님은 "우리가 산속으로 들어가 수도하는 것은 사람을 피해서가 아니라 사람을 발견하는 방법을 배우기 위함이다."라고 말했다. 인간관계에 문제가 생기는 원인 중 하나가 바로 상대방과 '적절한 거리'를 유지하지 못해서다. 간혹 친한 친구들끼리 여행을 갔다가 여행지에서 싸우거나 혹은 실망스러운 면을 발견해 관계가 나빠지는 것도 적절한 거리를 유지하지 못해서다. 인간관계에서 발생하는 모든 상황의 밑바탕에는 상대방과의 '거리'가 있다.

동물행동학자들은 동물이 어떻게 공간과 거리를 다루는지, 공간에 따라 개체수가 어떻게 변하는지 등을 연구한다. 공간이 생존에 영향을 미치는 가장 중요한 요소 중 하나이기 때문이다. 공간이 확보되지 않으면 동물은 급격한 스트레스를 받고 생존 투쟁에 나선다. 큰 싸움이 벌어지면서 결국 개체 수 감소로 이어진다. 이를 막기 위해 생물 종들은 각자 적절한 공간을 확보하기 위해 노력한다. 동물의 영역 확보 경쟁은 거의 본능적이다.

거리와 공간은 인류 역사 전반에도 지대한 영향을 미쳤다. 1347년 이탈리아 제노바에서 시작된 '흑사병'은 14세기가 끝나갈 무렵 유럽 인구의 절반 이상의 목숨을 앗아갔다. 중세 유럽을 휩쓴 흑사병의 원인으로 가장 유력한 것은 페스트균이다. 그런데 그 이면에는 공간이 있다. 페스트는 인구가 밀집되기 전, 다시 말해 한정된 공간에 사람들이 모여 살기 전에는 나타나지 않았던 전염병이다. 9세기부터 13세기에 이르는 400여 년간, 서구 유럽의 인구는 빠르게 증가했다. 밀집된 환경은 인간을 숙주로 해서 살아가는 미생물들에게는 더할 나위 없는 최적의 환경이었다.

공간과 거리는 인간관계에도 지대한 영향을 미친다. 인간도 밀집된 상황에선 공격성이 증가한다. 사적인 공간이 확보되지 않으면 짜증이 늘고 분노가 폭발할 위험이 높다. 미국의 문화인류학자 에드워드 홀(Edward Hall)은 인간관계를 거리에 따라 분류했다. 나를 중심으로 반경 45센티미터 이내는 절대적인 개인 공간이다. 부모 자식 간이나 연인 또는 부부처럼 신체 접촉이 허용되는 경우에도 이따금씩만 이 공간에 머물 수 있다. 46센티미터에서 1.2미터의 공간은 친밀한 사람과 접촉할 때 허용된다. 친한 친구나 상당히 가까운 사람들과 접촉할 경우다. 낯선 사람이라면 적어도 1.2미터 이상의 거리가 필요하다. 적절한 거리가 무너지면 서로 간에 불쾌감이나 경계심이 생기고 부담감이 자란다.

거리는 물리적이라기보다는 심리적이다. 또 상대적이다. 개인 공간이 상대적으로 널찍한 사람은 상대방이 다가서려 하면 심한 저항감을 느낀다. 상대방이 내 공간을 침범한다는 생각이 들 때 우린 부담감을 느낀다. 모든 인간관계에서의 불문율이 바로 상대방과의 거리 조절이다. 너무 빨리, 너무 가깝게 다가서지 않고 적당한 거리를 남겨 둬야 한다. 스스로에 대해서도 너무 쉽게 드러내지 말고 상대방이 받아들일 수 있는 여유를 주는 게 좋다. 알 듯 모를 듯하게 유지되는 거리가 오히려 관계를 지속시키는 윤활유 역할을 한다.

둔감한 것이 경쟁력이다

인간의 행복감은 10대를 정점으로 내려가기 시작해 40대에 바닥을 치고 50대부터 다시 올라가는 U자형이라고 한다. 나이가 들수록 포기하는 게 많아져 기대 수준이 낮아지는 것이 행복의 비결이지 싶다. 나이를 먹을수록 둔감해지는 것도 행복감 상승과 연관이 있다.

살다 보면 원치 않는 사람을 만나거나 곤란한 상황에 맞닥뜨리곤 한다. 이때 예민한 사람은 쉽게 휘둘리고 흔들린다. 내면의 기쁨보다는 다른 사람의 기대와 반응에 집착하는 사람들이 그렇다. 이런 사람들은 자신에게 잘 대해 주지 않거나 심드렁한 사람들의 반응에 더 민감하다. 막상 주위에 그런 사람이 많지도 않은데, 이들은 말 한마디에 상처받고 마음고생을 한다. 이런 얘기를 하면 상대방이 어떻게 반응할지 걱정하면서 눈치를 살핀다. 반응 하나하나에 신경을 곤두세우고 타인이 규정한 자신의 모습을 기정사실화해 답답해한다. 이들은 심신이 지칠 수밖에 없다.

와타나베 준이치라는 일본 작가는 그의 책 『둔감력(鈍感力)』에서 '지혜로운 둔감'을 예찬한다. 그는 '감정이나 감각이 무디다'는 뜻의 둔감함이 단점이 아니라 힘이라고 주장한다. '둔감력'은 인간관계에서 특히 나쁜 상황에서 빛을 발한다. 둔감력은 사소한 일에 흔들리거나 상처받지 않을 수 있는 능력이다. 둔감력이 있는 사람은 힘든 상황에서도 무덤덤하다. 이내 훌훌 털어 버리고 마음의 안정을 찾는다. 어떤 일에도 격하게 반응하지 않고 부정적인 감정에 휩싸이지 않기 때문에 행복감이 높을 수밖에 없다.

다른 사람의 마음을 완벽하게 이해하는 사람은 없다. 타인의 생각과 감정에 대해 그 뿌리까지 완전히 이해하기는 어렵다. 부부 관계를 포함해 모든 인간관계가 어려운 것이 이 때문이다. 사람마다 각자의 경험에 따라 다른 생각을 하며 살기에 서로 이해하고 소통하기 어려운 것이다. 그러나 많은 사람이 다른 사람들로부터 많은 것을 이해받기 원한다. 이런 욕구와 기대가 충족되지 못하면 상처를 받고 힘들어한다. 둔감력을 기르려면 다른 사람에 대한 기대를 낮추어야 한다. 스스로가 다른 사람을 완벽하게 이해하지 못하듯 다른 사람도 마찬가지다. 마음을 알아주고 이해받기를 원하는 그 욕심부터 줄일 필요가 있다. 이해받지 못하는 순간마다 상처받고 좌절한다면 자신만 손해다. 다른 사람을 바꾸는 것은 불가능하다. 내 자신을 변화시켜야 한다.

그렇다고 다른 사람의 고통에 무감각하라는 말은 아니다. 힘든 일을 겪거나 상처를 받아 괴로워하는 사람이 주위에 있다면 당연히 귀 기울이고 공감해 줘야 한다. 둔감력은 자신에 관한 것이다. 나에게 상처를 줄 수 있는 것, 나를 힘들게 하는 것에 둔감해지라는 뜻이다.

뇌를 충전하라

현대를 사는 우리들은 끊임없이 자극에 노출되고 다른 사람들을 의식하면서 산다. 뇌가 쉴 새 없이 작동하다 보니 피로 현상이 찾아온다. 이를 '소진증후군(burnout syndrome)'이라고 한다. 하루 종일 스마트폰을 사용하면 배터리가 닳아 방전되듯 뇌도 마찬가지다. 이런 상태에선 의욕이 떨어지고 어떤 일을 해도 별로 기쁘지 않다. 마음의 여유가 없기 때문에 공감 능력도 떨어져 사소한 일에 화가 난다. 자칫 엉뚱한 곳에서 과도한 분노를 터트리기도 한다. 모두 뇌가 지쳤기 때문인데도 상당수는 이 상황에서 벗어나기 위해 성취를 향해 매진한다. 그럼 행복해진다고, 행복해지면 마음의 여유가 생길 것이라고 믿기 때문일 것이다. 그럴수록 뇌는 지쳐 가고 감성 에너지가 방전돼 행복감이 떨어진다.

이럴 땐 감성 에너지를 채워 줘야 한다. 감성 에너지를 보충하는 데 가장 좋은 게 사람과 자연, 문화다. 휴일에 집에서 낮잠을 잔다고 뇌의 감성 에너지가 채워지는 건 아니다. 우리는 사람들과 교류하고 소통하면서 존재를 찾고 행복감을 느낀다. 거울을 보고 아무리 근사하다고 외쳐 봐야 공허하다. 다른 사람에 비친 내 모습이 근사할 때 우린 희열을 느낀다. 물론 마음에 드는 사람들과 취미 활동을 같이 하면 금상첨화다. 타인이 내 의지대로 반응해 주면 좋겠지만 그건 한계가 있다. 항상 사랑받고 싶은 욕구가 채워지는 건 아니다.

관계는 이따금 스트레스로 작용하기도 한다. 그래서 자연을 벗삼을 필요가 있다. 햇빛을 받으며 나무와 들꽃, 구름을 관찰하다 보면 잡념이 사라지고 감성 에너지가 충전된다. 자연을 관찰할 땐 자연 자체에 몰입한다. 일본의 어느 시인은 나무 하나를 보는데도 단계가 있다고 했다. 그냥 나무를 보고, 나무의 흔들리는 모양을 보고, 나무의 종류를 보고, 나무의 생명력을 보고, 나무 아래 쉬다 간 사람을 보는 식이다. 이렇게 나무 하나도 관찰할 것이 많다. 평상시 습성에서 벗어나 낯설게 보면 감성 에너지가 충만해진다. 창의력도 좋아진다. 예술 작품을 감상하는 것도 도움이 된다. 예술 작품을 보면 평소 사용하던 논리적이고 이성적인 뇌는 휴식을 취한다. 그 사이 감성 에너지가 채워진다.

다른 사람과 경험을 공유하라

원하는 학교에 들어가거나 승진을 하거나 좋아하는 이성의 고백을 받을 때 우린 짜릿함을 느낀다. 그런데 인생에서 이런 짜릿한 순간은 손에 꼽을 정도다. 그래서 우리는 돈을 많이 벌어 부자가 되면 행복할 거라고 생각한다. 수입이 올라가고 원하는 물건을 손에 넣는 순간 우리는 흥분과 행복감을 맛본다. 하지만 그 행복감은 그리 오래가지 못한다. 수입이 올라간 만큼 기대가 더 커지기 때문이다. 일종의 '한계효용체감'의 법칙이다.

36년간 사람들의 삶을 추적 관찰한 연구가 있었다. 이들에게 4인 가족이 생계를 꾸려 가는 데 얼마나 많은 돈이 필요한지를 물었다. 그랬더니 수입이 많을수록 생활비가 더 많이 필요하다고 답했다. 생활 수준을 유지하기 위해 필요하다고 답한 돈의 액수는 응답자의 실제 수입과 비례했다. 결국 아무리 돈을 많이 벌어도 만족하지 못한다는 얘기다.

많은 돈을 벌면 처음엔 뛸 듯이 기쁘지만 그 흥분과 떨림은 오래 지속되지 않는다. 높아졌던 행복감도 시간이 지나면서 평소의 행복감으로 돌아온다. 바로 적응 현상 때문이다. 기쁨과 즐거움이 지속되면 좋으련만 왜 적응 현상이 생기는 걸까?

이유는 우리의 생존을 위해서다. 육즙이 풍부하면서 부드럽게 구워진 스테이크를 먹으면 만족감을 느낀다. 그러나 한 끼 잘 먹었다고 계속 굶을 수는 없는 노릇이다. 살아야 하니까. 다시 음식을 찾으려면 고기를 씹으면서 느낀 쾌감이 이내 사라져야 한다. 쾌감 수준이 원점으로 돌아가는 초기화 과정이 있어야만 그 쾌감을 다시 찾는다. 이게 없으면 생존이 불가능하다. 자산은 많이 쌓아 둘수록 생존에 유리하다. 그래서 승진의 즐거움은 며칠 뒤 사라진다. 그래야 과장 단 사람이 부장이 되기 위해 노력할 테니까.

학벌과 직업, 지위와 경제 수준 등을 다 고려해도 행복의 개인차 중 10%밖에 예측하지 못한다고 한다. 그럼에도 행복의 10%와 관련된 이 조건들을 얻기 위해 대부분의 시간과 에너지를 투자하는 사람이 많다. 특히 돈을 벌기 위해서 말이다. 돈은 비타민 같아서 결핍이 되면 심각한 질병이 생기지만, 적정량 이상 섭취한다고 해도 더 이상 유익이 없다. 그래서 행복은 조건이 아니다. 모든 쾌락은 곧 소멸되기 때문에 작은 기쁨을 여러 번 느끼는 것이 좋다. 행복은 기쁨의 강도가 아니라 빈도라는 얘기다. 그래서 행복은 먼 미래에 있는 게 아니라 지금 여기 일상에서 발견해 내는 것이다. 작은 것들에서 말이다.

행복은 일상의 편안함, 만족감에서 온다. 뇌가 좋아하는 에너지원은 자연과 사람이다. 뇌를 충전하기 위한 가장 좋은 방법은 감각에서 즐거움을 취하는 것이다. 순간에 주의를 집중하면 일상의 것들이 새롭게 느껴진다. 일상적으로 만나는 자연과 환경을 무심코 지나치지 않고 하나하나 음미해 보자. 멈춰 서서 꽃의 향기를 맡고 바람의 결을 느껴 보고 시시각각 변하는 구름의 모양을 바라본다. 세밀하게 관찰하고 낯설게 바라보면 색다른 감각이 느껴지면서 충족감이 찾아온다. 일상적인 체험도 별나게 음미해 본다. 빵 한 조각이라도 천천히 씹으면 향취와 고소함이 느껴진다. 카페인을 보충하기 위해서가 아니라 쓴맛, 신맛, 단맛을 음미하면서 커피를 즐겨 본다. 빵집에서 나오는 고소한 냄새도 느껴 보고 잘 익은 과일의 달콤함에 취해 보자.

물질은 더 많이 가져도 시간이 지나면 만족감이 떨어진다. 하지만 관계에서의 행복감은 한계효용체감의 법칙이 적용되지 않는다. 우정이나 친밀한 관계에서 느껴지는 만족감은 돈을 벌거나 지위를 얻었을 때보다 훨씬 오래간다. 행복한 결혼 생활이나 자녀와의 관계에서 오는 만족감은 기대가 충족됐다고 해도 크게 변하지 않는다. 때문에 관계를 강화하고 즐기는 것이 행복을 얻는 지름길이다. 실제로 행복한 사람들은 많은 시간을 다른 사람과 보낼 뿐만 아니라 자신의 자원을 사람과 연관된 것에 많이 쓴다는 연구 결과가 나와 있다.

　심리학자들은 행복감을 높이려면 원하는 물건을 사는 것보다 여행 같은 경험을 구매하는 것이 더 낫다고 말한다. 이는 심리 실험을 통해 확인됐다. 공연이나 여행 같은 경험을 사기 위한 지출이 많은 사람이 더 행복한 것으로 나타났다. 옷이나 물건 같은 물질 구매가 많은 사람은 행복감이 덜했다. 곰곰이 생각해 보면 당연하다. 정말 원하던 핸드백을 손에 넣었다고 해도 누군가는 더 좋은 핸드백을 들고 다닌다. 경험은 각자 특성이 있어 비교하기 어렵다. 우리는 물건에 대해 상대방과 비교를 자주 한다. 그래서 물건에서 오는 즐거움은 더 빨리 사라진다. 경험 구매는 누군가 함께하기 위해서 하는 경우도 많다. 다른 사람과 경험을 공유하면 행복감은 더 커진다.

03

행복을 적극적으로 찾아라

마음을 조기 검진하라

감기에 걸려도 시간이 지나면 저절로 낫는 것처럼 우리 몸은 자연 치유력을 갖고 있다. 마음도 마찬가지다. 정신적 충격을 받아 마음에 상처가 생겨도 시간이 지나면 저절로 아문다. 하지만 육체적 상처에 비해 마음에 난 생채기는 잘 낫지 않는다. 큰 사고를 당하거나 목격한 뒤 겪게 되는 외상후스트레스 장애가 대표적이다. 소중한 사람을 잃은 경우 대개 시간이 지나면 상실감이 엷어지지만, 우울증이 생기면 1년이 지나도 회복되지 않는다. 중병에 걸리면 저절로 낫기 힘들 듯 마음의 상처도 스스로 이겨 내기 어려울 때가 있다. 스스로 감당하기 힘든 심리적인 상처를 시간에 기대 아무런 조치를 취하지 않으면 불행의 씨앗이 될 수 있다.

시간이 약이 아니라 독으로 작용할 수 있다. 마음의 병이 깊어지기 전에 상담 등을 통해 충격을 털어 내고, 병이 있다면 조기에 진단해 치료해야 한다.

평소 화를 잘 내지 않았는데 짜증이 많아지거나 이유 없이 만사가 귀찮아지는 경우가 있다. 이처럼 자신의 상태가 평소와 다르다면 전문적인 상담을 받아 보는 게 좋다. 흔히 기분이 처지는 것만 우울증으로 생각한다. 그러나 우울증은 천의 얼굴을 갖고 있다. 식욕이 떨어지고 불면증에 시달리는가 하면 몸에 힘이 없고 몹시 피곤하다. 아무런 의욕이 생기지 않고 평소 즐기던 일을 해도 재미를 느끼지 못한다. 한곳에 집중하기 힘들고 머리가 잘 돌아가지 않으며 기억력도 떨어진다. 그런가 하면 소화가 잘 되지 않고 두통이나 요통 등 갖가지 통증에 시달리면서 몹쓸 병에 걸린 것 같은 느낌이 든다. 기분과 생각, 인지 기능, 행동과 신체 기능까지 마음과 신체의 모든 기능에 문제가 생기는 게 우울증이다.

여기에 그치지 않는다. 직장인들은 하루의 대부분을 직장에서 보낸다. 우울증을 앓고 있는 직장인들은 대인 관계에서 주로 문제를 보인다. 사소한 일에 상처를 받거나 짜증을 내고, 거절에 대해 민감해지면서 가끔씩 버럭 화를 내기도 한다. 그래서 주변 사람들로부터 오해를 사는 경우가 많다. 동료들은 이런 사람을 그냥 성격이 이상하거나 성질이 더럽다고 생각하고 차츰 멀리한다. 우울증을 앓고 있는 사람의 소외감은 점점 깊어져 직장을 그만두거나 여러 곳을 전전하기도 한다. 하지만 이 모든 것이 성격 탓이 아니라 우울증 때문이라면 얼마든지 치료가 가능하다. 우울증이라는 병 하나만 갖고도 이처럼 다양한 증상을 보일 수 있기 때문에 무언가 변화가 있다면 빨리 전문적인 상담을 받아 보아야 한다.

공황장애 환자가 지난 5년 새 두 배가량 급증했다. 공황장애는 갑자기 가슴이 뛰고 숨이 막혀 오면서 죽을지도 모른다는 극심한 공포감이 밀려오는 질환이다. 맹수를 만나면 숨이 막히고 심장이 두근거리면서 근육이 긴장한다. 맞서 싸우거나 도망치기 위해 교감신경계가 흥분된 결과다. 공황장애는 위협 상황이 아닌데도 뇌가 경보 신호를 울려 교감신경계가 오작동한 결과다.

공황장애가 왜 생기는지는 아직 정확히 알려져 있지 않다. 그러나 스트레스와 연관이 있는 건 확실하다. 공황장애는 연예인들이 자주 앓는 것으로 알려지면서 '연예인병'이 아니냐는 얘기까지 나온다. 이병헌, 김장훈, 차태현, 김구라 씨 등이 공황장애를 겪었다고 밝혔다. 물론 공황장애가 연예인병은 아니다. 하지만 연예인들에게 공황장애가 많은 이유는 극심한 스트레스와 연관이 있다. 인기를 먹고 사는 연예인들은 다른 사람의 반응에 민감한 데다 인기 부침도 심하기 때문에 일반인보다 스트레스를 많이 겪는다. 최근 공황장애 환자가 두 배나 증가한 이유도 스트레스가 늘었기 때문으로 보인다. 스트레스가 쌓이면서 뇌의 경보 체계가 이상 반응을 보이는 게 공황장애다. 극심한 스트레스를 받고 있다면 개인의 노력만으로는 벗어나기 힘들다. 이럴 땐 전문적인 상담을 통해 스트레스를 관리해야 마음의 병이 깊어지는 것을 막을 수 있다.

평소 몸의 건강을 돌보듯 자신의 마음 건강 상태도 점검할 필요가 있다. 자신이 스트레스를 많이 받는지, 어떤 사건이 스트레스가 되는지를 알기는 쉽지 않다. 우리 마음은 대개 무의식적으로 작동하기 때문이다. 이유 없이 우울감이나 불안증이 생기거나 잠이 잘 오지 않는다면 십중팔구 스트레스를 받고 있다는 증거다. 간단한 설문 검사를 통해 우울감과 불안감의 정도를 측정할 수 있다. 다양한 스트레스 척도가 나와 있어 스트레스 강도도 계측이 가능하다. 자신의 상태를 정확히 아는 게 마음건강을 지키는 지름길이다.

스트레스를 떨쳐라

스트레스는 원래 물체에 가해지는 외부의 힘을 가리키는 물리학 용어다. 이게 심리적, 신체적인 변화를 가져오는 외부 사건을 지칭하는 심리학 용어로 바뀌었다. 어떤 일이 스트레스가 되는지의 여부는 사건 자체보다는 그 사건에 대한 개인의 주관적 해석에 달려 있다. 스트레스는 처한 현실이 자신의 기대나 욕구와 상충될 때 나타나기 때문이다. 스트레스의 정체를 정확히 파악하기 위해선 자신의 욕구와 기대, 성향 등을 이해해야 한다. 같은 사건이나 상황이라도 이에 대한 반응은 사람마다 제각각이다. 매사에 일을 완벽하게 처리하려는 사람이나 경쟁적인 성격의 소유자는 스트레스를 많이 받는다. 또 열등감이 심하거나 예민한 사람도 스트레스의 그물에 걸려들기 쉽다. 느긋한 사람, 둔한 사람, 자신감이 있는 사람은 스트레스를 덜 받는다.

스트레스를 받는가, 그렇지 않은가는 중요치 않다. 문제는 스트레스를 해소할 통로가 있는가, 그 방법이 얼마나 다양한가, 또 얼마나 효과적인가다. 스트레스는 한데 뭉쳐 생각하지 말고 세분화할 필요가 있다. 요즘 스트레스를 받아 힘들다는 식으로 두루뭉실하게 스트레스를 덩어리지도록 하지 말아야 한다. 엉키게 하면 스트레스는 커진다. 부분별로 스트레스를 덜 받도록 어떤 노력을 해야 할지를 생각해야 한다.

운동이나 여행 등 신체를 움직이는 활동을 통해 스트레스를 해소할 수 있다. 관계에서 위로를 받는 편이라면 사람들을 만나 실컷 수다를 떠는 것도 좋은 방법이다. 취미를 공유하는 사람들을 만나 막힌 에너지를 충전하는 것도 좋다. 편하게 마음을 풀 수 있는 자신에게 맞는 스트레스 해소법과 막힌 감정을 발산하는 방법을 찾아야 한다.

지속적으로 운동하라

인간의 몸은 원래 움직이도록 설계되었다. 차를 타고 출근해 하루 종일 컴퓨터 앞에 앉아 있다가 다시 자동차에 실려 집에 가는 게 요즘 우리 모습이다. 인류 역사상 이렇게 신체 활동이 줄어든 건 처음이다. 몸을 많이 움직이지 않으면 근육은 긴장하고 스트레스가 몸에 쌓인다. 운동이 정신 건강에 좋다는 건 이견이 없는 사실이다. 스트레스 해소 차원에선 매일 30분간 산책을 하는 것만으로도 큰 효과를 볼 수 있다.

운동을 하면 스트레스 호르몬인 아드레날린과 코르티솔의 분비가 줄어든다. 뇌에서 분비되는 천연 마약, '엔도르핀'의 분비는 촉진된다. 운동을 하면 몸의 긴장이 풀리고 활력과 자신감이 붙는다.

운동은 우울증 치료제에 버금가는 효과가 있다. 우울증 환자 2백여 명을 세 군으로 나눠 한 집단은 운동 프로그램만을 시행하고 다른 집단에선 우울증 치료제를 복용하게 했다. 나머지 한 집단은 운동 프로그램과 우울증 치료제 복용을 병행하게 했다. 4개월 뒤 효과를 측정해 보니 운동을 하면서 우울증 치료제를 복용한 집단의 우울증 호전 정도가 가장 좋았다. 인상적인 건 운동 프로그램만 시행한 집단과 약물 치료를 받은 집단이 비슷한 수준의 호전을 보였다는 사실이다. 10개월 뒤 살펴보니 운동을 한 집단이 약을 복용한 집단보다 우울증 재발률이 낮았다. 지속적으로 운동을 한 사람은 재발률이 훨씬 낮았다. 우울증 치료 효과까지 갖고 있는 운동이 스트레스 해소에 도움이 되는 건 분명하다.

인간관계를 돈독히 하라

좋아하는 사람을 만나 실컷 수다를 떨면 가슴이 뻥 뚫리는 시원한 느낌을 받는다. 인간은 사회적 동물이다. 다른 사람을 만나 생각을 공유함으로써 존재감을 확인한다. 인정 욕구가 충족될 때 우린 행복감을 느낀다. 주변에 의지할 수 있는 사람이 단 한 명이라도 있다면 스트레스 상황을 더 잘 헤쳐 나갈 수 있다.

미국 브리검영 대학교 연구진이 3만 명의 삶을 장기 추적한 자료를 분석한 결과, 만족스러운 인간관계를 맺은 사람에 비해 그렇지 못한 사람은 조기 사망 위험이 50%나 높은 것으로 나타났다. 이는 비만이나 운동 부족으로 인한 조기 사망 위험보다 높았고, 매일 담배 15개비를 피우는 사람의 조기 사망 위험과 비슷했다고 한다. 돈독한 인간관계가 삶에서 얼마나 중요한지를 알 수 있다.

내 말에 귀 기울이고 조언을 해 줄 수 있는 친구가 곁에 있다면 우리는 스트레스나 위기의 순간에 더 잘 대처할 수 있다. 감정적인 유대가 있을 땐 옥시토신이 분비된다. '유대 호르몬' 혹은 '사랑 호르몬'으로 불리는 옥시토신은 유대감을 높일 뿐만 아니라 스트레스로부터 우리를 보호해 준다. 옥시토신이 스트레스 호르몬 분비를 감소시켜 주기 때문이다. 인간관계는 변하기 마련이지만 우리는 가족과 친구, 동료를 소중히 여겨야 한다. 상호 작용은 스트레스의 강력한 완충제일 뿐만 아니라 행복감을 높여 주는 비타민이다.

기분 조절 호르몬이 나오는 음식을 먹어라

어떤 음식을 섭취하느냐에 따라 우리 기분은 달라진다. 음식이 뇌에서 분비되는 호르몬에 영향을 미칠 수 있기 때문이다. 세로토닌과 도파민 같은 기분을 조절하는 호르몬 말이다.

과자나 아이스크림처럼 달콤함 음식을 먹으면 대개 기분이 좋아진다. 탄수화물이 뇌에 신호를 보내 기분을 좋게 만드는 세로토닌의 분비를 촉진하기 때문이다. 가공 식품의 원료인 밀가루와 당분은 도정이 돼 있어 소화 흡수가 빠르다. 가공 식품을 먹으면 금세 배가 고파지듯 기분도 롤러코스트를 탄 것처럼 급상승했다가 곧 가라앉는다. 가공 식품은 뇌에서 세로토닌이 확 나오게 했다가 금방 사라지게 만들기 때문이다.

도정하지 않은 현미나 통밀 등은 상대적으로 천천히 소화, 흡수된다. 이런 식품들은 뇌에서의 세로토닌 분비도 천천히 오래 지속되게 한다. 기분이 오락가락할 때보다 균형을 잡고 있을 때

스트레스를 덜 받는다. 가공 식품에 있는 탄수화물보다는 현미나 통밀, 과일 등에 들어 있는 탄수화물이 스트레스 해소에 더 좋은 이유다.

양질의 단백질을 섭취하는 것도 중요하다. 단백질은 소화 효소에 의해 아미노산으로 분해돼 흡수된다. 이런 아미노산 중 하나가 '티로신(tyrosine)'이다. 티로신은 뇌에서 분비되는 도파민의 중요한 원료다. 도파민은 기분을 좋게 할 뿐만 아니라 의욕을 고취시킨다. 도파민이 부족하면 스트레스에 취약해지고 우울증에 빠질 수 있다. 살코기와 생선 등을 통해 단백질을 충분히 섭취하는 건 신체 건강뿐만 아니라 정신 건강을 위해서도 중요하다.

숙면을 취하라

수면 부족은 심한 스트레스이고, 역으로 스트레스에 시달려도 잠을 잘 자지 못한다. 최초의 수면 박탈 실험은 동물을 통해 이뤄졌다. 1894년 러시아의 여성 과학자 마리 드 마나세인은 강아지 네 마리를 죽을 때까지 재우지 않았다. 그러자 96시간 만에 첫 번째 강아지가 죽었고, 143시간 만에 마지막 강아지가 죽었다. 강아지 여섯 마리를 대상으로 한 두 번째 수면박탈 실험에서도 강아지가 5일 만에 모두 죽었다.

1년 뒤인 1895년 사람을 대상으로 한 수면박탈 실험이 처음 시행됐다. 미국 아이오와 대학교의 조지 패트릭 박사는 세 명의 남자를 90시간 동안 깨어 있도록 했다. 수면박탈을 당한 강아지가 96시간 만에 죽었던 실험 결과에서 착안한 것이었다. 이들은 수요일 아침 6시에 일어나 토요일 자정에 잠들었다. 낮에는 평소와 똑같이 일하고 밤에는 게임과 산보를 하게 했다. 이틀 밤이 지나자 환각이 나타나기 시작했다. 한 남성은 바닥이 끈적끈적한 입자들로 뒤덮여 걸을 수 없다고 하소연했다. 불면의 시간이 길어질수록 집중력과 사고력이 눈에 띄게 떨어졌다. 실험 막바지에는 잠이 든 피험자에게 전기충격을 가해 잠을 깨웠다. 전기 충격기의 전압을 최대로 올렸지만, 잠을 깨우기에는 충분치 않았다.

신체 건강한 남성도 24시간 잠을 자지 못하면 스트레스 호르몬이 증가하고 주의력과 기억력이 현저히 떨어진다. 성균관대학교 의과대학의 홍승봉 교수팀이 20대의 건강한 남성 5명을 대상으로 24시간 잠을 재우지 않는 인체 실험을 진행했다. 그 결과 스트레스 호르몬인 코르티솔의 농도가 크게 상승했다. 주의력과 기억력도 현저히 떨어졌다. 인지기능검사에서 난이도가 높을수록 정답을 맞히지 못하는 비율이 증가해 오답률이 수면박탈 전보다 62%나 높았다. 하루만 잠을 못 자도 우리 뇌가 얼마나 스트레스를 받는지를 잘 알 수 있다.

잠을 자는 동안 뇌는 휴식을 취하면서도 활발하게 활동한다. 눈동자가 빨리 움직이는 렘수면(REM sleep)이 그 시기다. 렘수면

때 우리는 꿈을 꾼다. 뇌는 렘수면을 할 때 낮에 들어온 다양한 자극과 정보를 정리하고 필요한 정보는 기억으로 저장한다. 그래서 푹 자고 나면 머리가 맑아지고 기억력이 좋아진 듯한 느낌을 받는다. 반대로 잠을 잘 자지 못하면 머릿속이 뒤죽박죽된다. 뇌 기능이 정상적이지 않다면 스트레스 대처 능력이 떨어지기 마련이다. 평상시엔 얼마든지 대처가 가능한 스트레스라도 숙면을 취하지 못하면 감당하기 힘들 수 있다. 잠을 잘 자지 못하면 기억력과 판단력 등의 인지 기능이 떨어져 좌절감이 생긴다. 그럼 우린 한층 더 스트레스를 받는다.

보통 6시간 이상 자야 한다고 하지만, 사람마다 적정 수면 시간은 다르다. 아침에 일어났을 때 머리가 맑고 몸이 개운하다면 충분히 잔 것이다. 충분히 잤는데도 피로가 풀리지 않는 사람들이 있다. 이런 사람들은 코골이 등으로 인해 숙면을 취하지 못했을 가능성이 높다. 술은 잠을 들게는 하지만, 숙면을 방해한다. 알코올은 수면을 얕게 해 자주 깨게 만든다. 전날 술을 마시고 일찍 잠자리에 들었는데도 다음 날 피곤한 건 이 때문이다.

불면증을 예방하려면 무엇보다 일어나는 시간을 일정하게 유지해야 한다. 우리 몸엔 생체시계가 있어 균형을 유지하는 게 중요하다. 간혹 불면증에 시달리다 보면 잠에 대한 욕심이 생긴다. 무슨 일이 있어도 오늘은 잘 자야겠다는 생각 말이다. 그러나 잠에 대한 욕심이 많을수록 긴장감이 높아져 잠이 들지 못한다. 깨어 있겠다고 마음을 먹으면 졸린 것과 같은 이치다. 오히려 잠에 대한 욕심을 버릴 때 숙면을 취할 수 있다.

시간 관리를 하라

예측불허의 순간은 언제나 있기 마련이다. 여기에 대비하려면 시간을 잘 관리해야 한다. 삶이 어느 정도 예측 가능하고 자신의 생활을 관리할 수 있다면 스트레스를 덜 받는다. 우선, 해야 할 일의 우선순위를 정하는 게 중요하다. 하루에 계획한 일들을 모두 끝마치는 경우는 드물다. 해야 할 일 중 가장 중요한 일을 완수했다면 스트레스를 덜 받는다. 시간이 모자라 우선순위가 떨어지는 일들을 처리하지 못했다 해도 그 영향은 미미하다. 그래서 그날 꼭 해야 하는 일과 처리하지 않아도 문제가 되지 않는 일을 구분해야 한다. 매일 아침 해야 할 일들의 목록을 작성한다. 제일 위에 가장 중요한 일을 쓰고 우선순위에 따라 다른 항목들도 적어 내려간다. 매일 해야 할 일의 목록을 작성하다 보면 무리한 계획을 막을 수 있다. 무엇보다 하루가 예측 가능하기 때문에 스트레스를 최소화할 수 있다.

삶에서도 우선순위를 정할 필요가 있다. 종이의 왼쪽엔 해야 할 일들을 적는다. 오른쪽엔 하고 싶은 일들을 쓴다. 왼쪽 항목이 이성적인 것이라면 오른쪽 항목은 내 감정이 원하는 '버킷리

스트'다. 이 항목들의 경중을 찬찬히 따져 본다. 사람들은 내일이 오늘보다 나을 거라고 자신을 설득하면서 미래의 행복을 꿈꾼다. 하지만 분명히 보장돼 있는 것은 현재뿐이다. 이 순간을 즐기지 못하면 미래의 행복도 자신할 수 없다. 어떤 조건이 갖추어진다고 행복이 찾아오는 건 아니기 때문이다. 행복은 생활에서 적극적으로 발굴해 내는 것이다. 해야 할 일보다 지금 하고 싶은 일이 더 우선순위가 될 수 있는 이유다. 이렇게 삶에서의 우선순위가 정해지면 마음속 갈등이 사라진다. 뭐든 우선순위에 맞게 행동하고 결정하면 된다. 후회할 일이 줄어들고 스트레스가 사라지면 삶은 더 풍성하게 다가온다.

분노 조절 장애 자가 진단표

1	모든 일에 분노하지는 않지만, 화를 낼 땐 조심스럽다.
2	타인이 내게 잘못한 일을 생각하면 여전히 분이 풀리지 않는다.
3	줄을 서거나 다른 사람을 기다릴 때 짜증을 참기 힘들다.
4	조그만 일에도 버럭 화를 내는 경우가 많다.
5	배우자나 가족 등 가장 가까운 사람과 흥분해 다투는 경우가 많다.
6	이따금 낮에 화가 치밀었던 일을 잊지 못해 잠을 설친다.
7	속으로는 화가 났는데 상대방에게 반응을 보이지 않았던 것을 오랫동안 후회한다.
8	내게 잘못한 사람을 용서하는 것이 매우 어렵다.
9	분노를 주체할 수 없었던 나 자신에게 화가 난다.
10	마땅히 해야 하는 방식으로 행동하지 않는 사람을 보면 정말 짜증이 난다.
11	분노에 휩싸이면 위장 통증이나 두통, 실신할 것 같은 느낌이 든다.
12	믿었던 사람에게서 좌절감이나 분노, 배신감을 느끼는 경우가 많다.
13	일이 잘 풀리지 않으면 우울해진다.
14	쉽게 심한 좌절감에 빠져 잘 헤어나지 못한다.
15	너무 화가 난 나머지 내가 저지른 일이나 한 말을 기억하지 못할 때가 있다.
16	누군가와 다투고 나면 나 자신이 너무 싫다.
17	급하고 쉽게 흥분하는 성격 때문에 일에 지장을 받은 적이 있다.

18	화가 나면 나중에 후회할 말을 내뱉는 경우가 많다.
19	욱하는 내 성질을 두려워하는 사람이 있다.
20	화가 나거나 좌절하면 폭식을 하거나 술을 마셔 해소한다.
21	누군가 내게 상처를 주면 그대로 되갚아 주고 싶다.
22	가끔 너무 화가 나서 물건을 때려 부수거나 폭력을 휘두른 적이 있다.
23	이따금 상대를 죽이고 싶을 만큼 분노를 느낀다.
24	때때로 너무 상처받고 외로워 자살을 생각한다.
25	분노가 일어나면 주체할 수 없고, 이미 많은 문제를 일으킨 적이 있어서 분노 조절 방법을 배우고 싶다.

- 1번부터 21번까지 21문항 중 '예'가 10개 이상이거나, 22~25번 문항 중 하나 라도 해당한다면 분노 조절 장애가 있을 수 있습니다.
- 1번부터 21번까지 21문항 중 '예'가 5~9개면 분노 조절이 정상적입니다.
- 1번부터 21번까지 21문항 중 '예'가 4개 이하면 분노 조절이 매우 잘되고 있습 니다.

자료 출처 : Of Course You're Angry: A Guide to Dealing with the Emotions of Substance Abuse
(Gayle Rosellini and Mark Worden, 1997, Hazelden Foundation)